"Coisas simples e realistas, compassivas, prudentes e francas, a respeito de amor e perda, sofrimento e paz, fé e família, essa é a especialidade de Elisabeth. A carga de profundidade contida nos temas abordados nesta obra vale seu peso em ouro. Este é um livro repleto de sabedoria em estilo natural."

J. I. PACKER, autor de *Vocábulos de Deus* e *Entre os gigantes de Deus*

"Esta obra nos desafia à responsabilidade bíblica para com a realidade da vida e nossa cultura. Senti-me imediatamente atraída por 'Interrupções, demoras e inconveniências'. Meu exemplar estará disponível sempre que eu precisar ser encorajada a manter o coração tranquilo."

CYNTIA HEALD, autora de *Becoming a woman of excellence*

AQUIETAI-VOS

*100 devocionais para
o coração sobrecarregado*

ELISABETH ELLIOT

Dados Internacionais de Catalogação na Publicação (CIP)
(eDOC BRASIL, Belo Horizonte/MG)

E46a Elliot, Elisabeth, 1926-2015.
　　　Aquietai-vos: 100 devocionais para o coração sobrecarregado / Elisabeth Elliot; tradutor João Paulo Oliveira. – São José dos Campos, SP: Fiel, 2023.
　　　320 p. : 14 x 21 cm

　　　Título original: Keep a quiet heart
　　　ISBN 978-65-5723-257-6

　　　1. Literatura devocional. 2. Vida cristã. I. Oliveira, João Paulo. II. Título.
　　　　　　　　　　　　　　　　　　　　　　　　　　　　　　　　CDD 242

Elaborado por Maurício Amormino Júnior – CRB6/2422

AQUIETAI-VOS: 100 devocionais para o coração sobrecarregado

Traduzido do original em inglês
Keep a Quiet Heart

Copyright © 1995 por Elisabeth Elliot.
Todos os direitos reservados.

■

Publicado originalmente por Revell
Uma divisão do Baker Publishing Group
6030 East Fulton Road, Ada, MI 49301.

Para mais informações sobre o legado, trabalho e escritos de Elizabeth Elliot, por favor visite:
www.elisabethelliot.com

Copyright © 2021 Editora Fiel
Primeira edição em português: 2023
Todos os direitos em língua portuguesa reservados por Editora Fiel da Missão Evangélica Literária.

Proibida a reprodução deste livro por quaisquer meios sem a permissão escrita dos editores, salvo em breves citações, com indicação da fonte.

Os textos das referências bíblicas foram extraídos da versão Almeida Revista e Atualizada, 2ª ed. (Sociedade Bíblica do Brasil), salvo indicação específica.

■

Diretor: Tiago J. Santos Filho
Editor-chefe: Vinicius Musselman
Editora: Renata do Espírito Santo
Coordenação Gráfica: Gisele Lemes
Tradução: Francisco Wellington Ferreira
　e João Paulo Aragão da Guia Oliveira
Revisão: Shirley Lima
Diagramação: Rubner Durais
Capa: Rubner Durais
ISBN brochura: 978-65-5723-257-6
ISBN e-book: 978-65-5723-258-3

Caixa Postal 1601
CEP: 12230-971
São José dos Campos, SP
PABX: (12) 3919-9999
www.editorafiel.com.br

Sumário

Introdução 11

Seção um: Fé para o inexplicável

1. Um coração tranquilo 15
2. O anjo na cela 20
3. Uma pequena parte do curso visível 22
4. Uma lição sobre as coisas temporais 25
5. Temos de encalhar 28
6. Acidentes não existem 29
7. Aprendendo o amor do Pai 32
8. Um farol no Brooklyn 35
9. Deus permite que seus filhos sejam pobres? ... 39
10. Por que Deus está fazendo isso comigo? 41
11. Já sentiu amargura? 46
12. Por favor, Senhor, remova o dilema 49
13. Talvez neste ano…? 52
14. Não pressuponha tristeza 57
15. Quão grande é o braço de Deus? 59
16. Não há outro caminho 60
17. Confiança sem luar 61
18. Não perca sua paz 63
19. Um tesouro minúsculo no céu 65
20. O que existe lá? 68

21. O amor sacrificial conduz à alegria 70
22. A encarnação é um fato maravilhoso demais 76
23. A supremacia de Cristo 79
24. Senhor de todas as ocasiões 82
25. A contradição suprema 83

Seção dois: O currículo de Deus

26. O currículo de Deus 90
27. Pequenas coisas 92
28. O que você quer dizer com submissão? 94
29. Para onde seu murmurar vai levar você? 96
30. Queixas inúteis ou contentamento 98
31. Várias maneiras de se tornar infeliz 103
32. Indecisão 105
33. Temor de homem ou de mulher 107
34. Oposição espiritual 110
35. A dádiva do trabalho 113
36. A bordoada universal 116
37. Mas eu tenho um diploma de graduação 118
38. A chave para o poder sobrenatural 120
39. A arma da oração 125
40. Por que preocupar-se em orar? 126
41. Oração é conflito 128
42. Seja honesta com Deus 131
43. Uma oração antiga 133
44. Perdido e achado 135
45. Ação de graças pelo que é dado 140
46. Um novo Dia de Ação de Graças 143
47. Um cálice transbordante 147

48. Dicas para um momento de reflexão 151

49. Crônica de uma alma 153

50. Espera 157

51. Cães-pastores de Deus 161

52. Boas maneiras 163

53. Interrupções, atrasos, inconveniências 164

54. Minha vida pela sua 167

55. Visita a Dohnavur 171

56. Arrependimentos 176

57. Quietude 178

Seção três: Chamados e comprometidos

58. Discernindo o chamado de Deus 182

59. Como descobrir o que Deus quer 185

60. Conselho ímpio 188

61. Um homem se move para o casamento 191

62. Virgindade 196

63. Autopiedade 202

64. O homem ou a mulher sem filhos 204

65. Problemas da Igreja 207

66. Minha mãe espiritual 211

67. Um chamado para as mulheres mais velhas 213

68. Iniciando um grupo MT2 217

69. Mulheres de paixões idênticas 219

70. Nada se perde 222

71. A companhia invisível 224

72. O mundo deve ver 227

Seção quatro: Nossa cultura em controvérsia

73. Duas visões 230
74. Eu sou disfuncional, você é disfuncional 233
75. A retirada da vida humana 236
76. Dê-lhes vaga no estacionamento, mas deixe-os morrer de fome 239
77. O que está acontecendo? 242
78. Um nascimento pode ser errado? 244
79. Um presente não abortado 246
80. Crianças descartáveis 248
81. Um novo avanço médico 249
82. Mulheres: a estrada à frente 252

Seção cinco: O lar cristão

83. Contextos 257
84. Minha mãe 259
85. Orações em família 262
86. Labuta 265
87. Domingo de manhã 267
88. Uma palavra para os pais 270
89. O que uma esposa pode fazer? 273
90. Resposta de um seminário 278
91. A obediência de uma criança 279
92. Ensinando as crianças 282
93. Mães que trabalham fora de casa 284
94. Mulheres no mundo do trabalho 287
95. Educação domiciliar 289
96. Filhos demais? 292
97. Uma criança aprende abnegação 295
98. Brincadeira séria, trabalho displicente 299

99. Quanto uma criança deve trabalhar?..305
100. "... com toda a sua mente"...307
101. Ensine seu filho a fazer escolhas..309
102. Matthew Henry sobre treinamento infantil.............................311
103. Uma nota para os pais 314
104. A mãe do Senhor 315

Não se apresse.
Confie.
E aquiete seu coração.

Penso que há grande benefício em tentar observar todos os obstáculos e interrupções no trabalho que alguém planejou para si mesmo, provações enviadas por Deus para auxiliar você a combater o egoísmo relativo à sua própria obra. Assim, é possível descobrir que talvez sua verdadeira tarefa — sua tarefa para Deus — consista em fazer algo insignificante e casual que foi colocado em seu dia. Não se trata de desperdício de tempo, como alguém pode sentir-se tentado a pensar; é a parte mais importante do trabalho cotidiano — a melhor parte que se pode oferecer a Deus. Depois de uma interrupção, não se apresse em fazer logo o trabalho planejado; creia que o tempo para concluí-lo lhe será dado em momento oportuno, e aquiete seu coração quanto à tarefa interrompida.

Annie Keary (1825-1879)

Introdução

Há aproximadamente doze anos, venho escrevendo, a cada dois meses, o que chamei de *boletim*. Não é um título muito bom. É apenas uma correspondência que tem o propósito de encorajar e animar — e, talvez, eventualmente, também divertir ou aborrecer — aqueles que assim o quiserem. Não há muitas "notícias". Incluo o cronograma de lugares em que darei palestras e, vez ou outra, comunico a chegada de outro neto. Algumas vezes, recomendo livros.

Este livro é uma compilação dos artigos extraídos do boletim. Em sua maioria, falam de conhecer a Deus. Nada mais, creio, chega perto de ser tão importante na vida quanto isso. É a razão pela qual nos encontramos aqui. Somos criados para glorificar a Deus enquanto vivermos neste planeta e desfrutá-lo por toda a eternidade.

Nosso dever é simplesmente crer e obedecer. Isso é o que significa amar e adorar a Deus. Jesus veio para nos mostrar como isso pode ser feito. No Evangelho de João, ele é chamado de "o Verbo".

> No princípio era o Verbo, e o Verbo estava com Deus, e o Verbo era Deus. Ele estava no princípio com Deus. Todas as coisas foram feitas por intermédio dele, e, sem ele, nada do que foi feito se fez. A vida estava nele e a vida era a luz dos homens. A luz resplandece nas trevas, e as trevas não prevaleceram contra ela [...] O Verbo estava no mundo, o mundo foi feito por intermédio dele, mas o mundo não o conheceu. Veio para o que era seu, e os seus não o receberam. Mas, a todos quantos o receberam, deu-lhes o poder de serem feitos

filhos de Deus, a saber, aos que creem no seu nome; os quais não nasceram do sangue, nem da vontade da carne, nem da vontade do homem, mas de Deus. E o Verbo se fez carne e habitou entre nós, cheio de graça e de verdade, e vimos a sua glória, glória como do unigênito do Pai. (Jo 1.1-5, 10-14)

É razoável crermos que aquele que criou mundos — incluindo este — e nos criou, nós que vivemos nele, está disposto a nos ensinar como viver. Ele "se fez carne" a fim de nos *mostrar*, dia após dia, em seu caminhar pelas veredas da Galileia e pelas ruas de Jerusalém, como viver na companhia de Deus.

As páginas que se seguem são as reflexões de alguém que aprende lentamente. Já se passou quase meio século desde que recebi Cristo como meu Redentor e lhe pedi que se tornasse o Senhor da minha vida. Você encontrará muitas repetições de lições elementares, pois escrevi da mesma forma que o faria aos meus familiares e amigos íntimos, registrando como uma boa falante aquilo que o Espírito de Deus fez para me encorajar, convencer e fortalecer pelo Espírito de Deus.

Numa tarde chuvosa no Wheaton College, em 1947, minha amiga Sarah Spiro e eu estávamos ao piano no Williston Hall. Eu havia escrito algumas linhas de uma oração que eu esperava ser uma poesia. Sarah as estudou por alguns momentos e, em seguida, fez a melodia. Não tenho uma cópia dessa melodia, mas aqui estão as palavras:

> Senhor, aquieta meu coração
> Que não pretende tudo entender,
> Mas prossegue avante sem temer
> Nas trevas, guiado por tua mão.

Esse era o desejo do meu coração na época — e ainda é nos dias de hoje. Uma aceitação espontânea de tudo que Deus determina e uma rendição satisfeita de tudo que eu sou e tenho constituem o segredo para recebermos o dom de um coração tranquilo. Sempre que recuso, a quietude se vai. Mas, quando creio e obedeço, essa quietude é restaurada, e a vida, imensuravelmente simplificada.

Deus nos ama com amor eterno. Ele é indescritivelmente misericordioso e bondoso, e cuida para que não se passe um dia sequer sem a oportunidade para novas aplicações da antiga verdade de você *se tornar* um filho de Deus. Para mim, isso resume o significado da vida.

Magnólia, Massachusetts
Outubro de 1994

Seção um
FÉ PARA O INEXPLICÁVEL

Tu és o Senhor que dormiste sobre o travesseiro
Tu és o Senhor que acalmaste o mar furioso
O que importam vento revolto e vagalhão proceloso
Se tão somente estamos no barco contigo?

Mantém-nos quietos durante o minuto interminável
Enquanto estás em silêncio, e o vento é estridente:
Acaso pode afundar o barco em que tu, amado Senhor, estás?
Acaso pode desanimar o coração que espera em tua vontade?

Toward Jerusalem
Amy Carmichael

1. Um coração tranquilo

Jesus dormia num travesseiro em meio a uma tempestade feroz. Como isso era possível? Os discípulos, então, aterrorizados e certos de que a próxima onda os lançaria ao fundo do mar, o chacoalharam e o acordaram, repreendendo-o. Como ele era capaz de se mostrar tão insensível ao destino deles?

Ele podia agir assim porque dormia na tranquila segurança de que seu Pai estava no controle. Seu coração era tranquilo. Nós o vemos agir com serenidade em todos os eventos de sua vida — quando foi ultrajado, não revidou. Mesmo sabendo que sofreria muitas coisas e seria morto em Jerusalém, nunca se desviou de seu curso. Estava determinado. Sentou-se à Ceia na companhia de um discípulo que o negaria e de outro que o trairia. Ainda assim, foi capaz de comer com eles, dispondo-se até mesmo a lavar os pés deles. Jesus, na intimidade ininterrupta do amor de seu Pai, manteve um coração tranquilo.

Nenhum de nós tem um coração tão perfeitamente calmo, pois nenhum de nós vivencia essa unidade divina, mas nós podemos aprender um pouco mais, a cada dia, do que Jesus conhecia — o que um escritor chamou de a "negligência" daquela confiança que leva Deus com ela. Quem pensaria em usar a palavra *negligência* em relação ao nosso Senhor Jesus? Ser negligente é omitir-se de fazer o que um homem sensato faria. Acaso Jesus agiria assim? Sim, quando a fé perpassa e vai além da razão.

Essa confiança "negligente" — acaso ela é descuidada, desatenta ou indolente? Não, não no caso de Jesus. Jesus podia despreocupar--se porque sua vontade era uma com a do Pai. Ele tinha a bendita certeza de saber que seu Pai se encarregaria de cuidar e estaria atento à necessidade de seu Filho. Jesus foi indolente? Não, ele nunca foi ocioso, preguiçoso ou moroso; apenas sabia o momento de agir e o momento de deixar as coisas aos cuidados de seu Pai. Ele nos ensinou a trabalhar e vigiar, mas nunca a ficar preocupadas, para que façamos o que nos foi dado a fazer, deixando tudo mais com Deus.

Pureza de coração, disse Kierkegaard, é *querer uma única coisa*. O Filho queria apenas uma coisa: a vontade de seu Pai. Foi isso que ele veio fazer na terra. Nada mais. Aquele cujo alvo é tão puro quanto isso pode ter um coração completamente tranquilo, sabendo o que o salmista sabia: "O Senhor é a porção da minha herança e o meu cálice; tu és o arrimo da minha sorte" (Sl 16.5). Não conheço maior *simplificador* que esse para toda a vida. O que acontece está designado. A mente hesita diante disso? Podemos dizer que há coisas que acontecem conosco que não fazem parte de nossa "porção" amorosa e designada ("Isto faz parte, aquilo não faz parte")? Existem algumas coisas fora do controle do Todo-Poderoso?

Tudo o que Deus designou é medido e controlado para o meu bem eterno. Quando aceito a porção, outras opções são canceladas. As decisões tornam-se muito mais fáceis; as direções, mais claras; e, por consequência, meu coração se aquieta de uma forma indizível.

O que queremos realmente na vida? Às vezes, tenho a oportunidade de fazer essa pergunta a alunos do ensino médio ou da faculdade. Fico surpresa com o pequeno número que tem uma resposta imediata. Oh! Eles poderiam apresentar uma lista enorme de coisas! Mas há uma única coisa, acima de todas as outras, que eles desejam? "Uma coisa peço ao Senhor", disse Davi, "e a buscarei: que eu possa morar na Casa do Senhor todos os dias da minha vida" (Sl 27.4). Ao jovem e rico que queria a vida eterna, Jesus disse: "Só uma coisa te falta: Vai, vende tudo o que tens" (Mc 10.21). Na parábola do Semeador, Jesus nos diz que a semente que é sufocada por espinhos caiu num coração cheio das preocupações desta vida, da fascinação das riquezas e do desejo por outras coisas. O apóstolo Paulo disse: "Uma coisa faço: esquecendo-me das coisas que para trás ficam e avançando para as que diante de mim estão, prossigo para o alvo, para o prêmio da soberana vocação de Deus em Cristo Jesus" (Fp 3.13-14).

Um coração tranquilo se contenta com o que Deus dá. É suficiente. Tudo é graça. Numa manhã, meu computador simplesmente não me obedecia. Que aborrecimento! Eu tinha definido todo o meu trabalho, calculado meu tempo, preparado minha mente. Meu trabalho ficou atrasado, meu tempo, prejudicado, meu pensamento, interrompido. Então, eu me lembrei. Isso não havia acontecido em vão. Fazia parte do Plano (não o meu, mas o de Deus). "Senhor, tu designaste minha porção e o meu cálice."

Ora, se a interrupção tivesse vindo de um ser humano, e não de uma máquina irritante, não teria sido tão difícil entender o ocorrido como a parte mais importante do trabalho do dia. Mas tudo está sob o controle de meu Pai; sim, computadores obstinados, transmissões defeituosas, pontes levadiças que se mantêm erguidas quando alguém está com pressa. Minha porção. Meu cálice. Meu quinhão é seguro. Meu coração pode ficar em paz. Meu Pai está no controle. Como é simples!

Meu compromisso envolve aceitar espontaneamente minha porção — em assuntos que vão muito além das trivialidades que acabei de mencionar, como, por exemplo, a morte de um bebê precioso. Uma mãe me escreveu para falar sobre a perda de seu filho quando ele tinha apenas um mês de vida. Uma viúva escreveu sobre a longa agonia de ver seu marido morrer. O número de anos de seu casamento parecia muito pequeno. Podemos apenas saber que o Amor eterno é muito mais sábio que nós, e nos prostramos em adoração a essa sabedoria amorosa.

Reação é o que realmente importa. Lembre-se de que nossos antepassados foram todos guiados pela coluna de nuvem, todos passaram pelo mar, todos comeram da mesma comida espiritual e beberam da mesma bebida espiritual, mas Deus não se agradou da maioria deles. A reação dessas pessoas foi totalmente equivocada. Insatisfeitos com a porção que lhes fora dada, eles caíram em idolatria, glutonaria e pecado sexual. E Deus os matou por meio de serpentes e de um anjo destruidor.

O mesmo Deus Todo-Poderoso aquinhoou a experiência deles. Todos os eventos serviam à vontade de Deus. Alguns responderam com fé; a maioria, não. "Não vos sobreveio tentação que não fosse humana; mas Deus é fiel e não permitirá que sejais tentados além das vossas forças; pelo contrário, juntamente com a tentação, vos proverá livramento, de sorte que a possais suportar" (1Co 10.13).

Pense nessa promessa e aquiete seu coração! Nosso inimigo se apraz em nos inquietar. Nosso Salvador e Ajudador se apraz em nos aquietar. "Como alguém a quem sua mãe consola, assim eu vos consolarei; e em Jerusalém vós sereis consolados" (Is 66.13). A escolha é nossa. Depende de nossa disposição de ver tudo em Deus, receber tudo de sua mão, aceitar com gratidão a porção e o cálice que ele oferece. Acaso deveria acusá-lo de erro em suas medidas ou de julgar mal a esfera em que posso aprender melhor a confiar nele? Acaso Deus é ignorante das coisas e pessoas que, em minha opinião, impedem que eu faça a vontade dele?

Deus encarnou e viveu neste mundo como um homem. Ele nos mostrou de que forma viver neste mundo, sujeito às suas variações e necessidades, para que sejamos transformadas — não em um anjo, não em uma princesa do enredo de um livro, não sendo levadas para outro mundo, mas transformadas em pessoas santas neste mundo. O segredo é Cristo em mim, e não eu vivendo em um conjunto diferente de circunstâncias.

> *Aquele cujo coração é imensuravelmente bondoso*
> *Dá para cada dia o que ele considera ser o melhor,*
> *Amorosamente, o seu quinhão de dor e de prazer*
> *Mesclando a labuta com paz e descanso.*
>
> Lina Sandell

2. O anjo na cela

Meu irmão Dave Howard viaja com frequência e sempre retorna com histórias maravilhosas. Em um dos verões, quando os seis irmãos Howard e seus respectivos cônjuges se reuniram para um encontro, Dave contou esta história, ouvida do filho do homem na história.

Um homem, a quem chamaremos de Ivan, prisioneiro em um certo país, foi tirado de sua cela, interrogado, torturado e terrivelmente espancado. O único conforto em sua vida era um cobertor. Ao cambalear de volta para sua cela, pronto para desmoronar sobre o escasso conforto, ele viu, para seu desânimo, que alguém estava ali agasalhado — um informante, supôs ele. Ivan, então, caiu no chão imundo, clamando: "Não consigo mais suportar!", ao que uma voz falou do cobertor: "Ivan, o que você quer dizer com não consigo mais suportar?". Pensando que o homem estaria tentando obter alguma informação para ser usada contra ele, Ivan não explicou. Apenas repetiu o que dissera.

"Ivan", disse a voz, "você esqueceu que Jesus está com você?".

Então, a pessoa agasalhada no cobertor se foi. Ivan, que um minuto antes sentia-se incapaz de andar, ficou de pé rapidamente e dançou ao redor da cela, louvando o Senhor. Pela manhã, o guarda que o fizera passar fome e o espancara lhe perguntou quem lhe dera comida. "Ninguém", respondeu Ivan.

"Mas por que, então, você parece tão diferente?"

"Porque meu Senhor esteve comigo ontem à noite."

"Oh! Esteve mesmo? E onde está o seu Senhor agora?"

Ivan abriu a camisa, apontou para seu coração: "Aqui".

"Muito bem. Vou atirar em você e em seu Senhor agora mesmo", disse o guarda, apontando o revólver para o peito de Ivan.

"Atire em mim, se você quiser. Eu irei morar com o meu Senhor."

O guarda, então, colocou o revólver de volta no coldre, balançando a cabeça, em perplexidade.

Posteriormente, Ivan soube que sua esposa e seus filhos haviam orado naquela mesma noite, ao lerem Isaías 51.14: "O exilado cativo depressa será libertado, lá não morrerá, lá não descerá à sepultura; o seu pão não lhe faltará".

Ivan foi solto logo depois e continuou a pregar fielmente o evangelho até à sua morte, em seus oitenta anos.

3. Uma pequena parte do curso visível

A casa em que nasci, na rua Ernest Laude, 52, em Bruxelas, Bélgica, parece exatamente como mostrada na foto do álbum de mamãe. O antigo retrato foi feito em tons de acinzentados. A foto que meu esposo, Lars, fez mais recentemente está em cores. A rua de paralelepípedos é a mesma em ambas as fotos. Os tijolos com os quais a casa foi construída se tornaram um pouco cor-de-rosa, e a fachada em mármore branco do segundo e do terceiro andares não mudou. Eles colocaram novos toldos nas janelas dos dois primeiros andares, e as pessoas nas fotos são diferentes. Na primeira foto, no segundo andar, na sacada construída de ferro, está mamãe de pé, sob a luz do sol, aos 24 anos, magra e ereta, com uma maravilhosa e volumosa cabeleira preta e lisa. Está usando um vestido escuro e longo até os tornozelos, com um capote largo e branco. Na foto colorida, há dois carros e, perto da porta da frente, bastante agitada pelo vento, estou eu. Como desejei pedir aos moradores atuais que me permitissem subir até à sacada ou mesmo até à cozinha em que nasci.

Mais de sessenta anos se passaram desde que estive ali pela última vez. Mamãe havia trancado a porta da frente quando se voltou para a senhora holandesa que era sua ajudante.

"Sinto como se tivesse esquecido alguma coisa."

Adri sabia muito bem o que era. E se perguntou até onde mamãe iria antes de se dar conta de que a bebê de cinco meses ainda estava lá em cima, agasalhada em seus panos de lã, pronta para cruzar o oceano.

Havia algo admiravelmente reconfortante em saber, ao me postar diante daquela casa já esquecida, que aquele era o lugar em que meus pais moraram, amaram e receberam em seu pequeno apartamento de água fria a irmã recém-nascida de seu filho Philip. Eles eram missionários que, na época, trabalhavam com a Missão Evangélica Belga. Lars e eu visitamos os prédios antigos; a pequena capela flamenga na qual papai ministrara aulas de Escola Dominical e provavelmente tocou o piano Steinway que ainda se encontra lá — comprado pela sra. Norton, esposa do fundador da missão (ela vendeu suas joias para pagar pelo piano). Olhamos um velho álbum de fotos que tinha retratos de meus avós, meu tio-avô e meus pais.

Tudo do passado, creio, faz parte da história de Deus para cada um de seus filhos — um mistério de amor e soberania, escrito antes da fundação do mundo, nunca um obstáculo à obra que ele planejou para nós, mas, em vez disso, a própria preparação adequada às necessidades de nossa personalidade específica.

"Como pode ser isso?", perguntam aqueles cuja herança não foi tão piedosa quanto a minha, cuja vida não tem sido de paz. "A glória de Deus é encobrir as coisas" (Pv 25.2). Deus oculta boa parte do que não precisamos saber, mas nós sabemos que ele chama pelo nome suas próprias ovelhas e as conduz. Quando isso tem início? Acaso o Pastor esquece alguma coisa de que as ovelhas precisam?

William Kay, que traduziu os Salmos em 1870, oferece esta nota sobre Salmos 73.22: "Embora eu tenha sido sustentado por ti e estivesse vivendo 'contigo' como teu convidado, fui insensível à tua presença — absorto apenas numa pequena parcela do curso visível das coisas —, como os animais irracionais, que estão sempre olhando para baixo, para o solo em que estão pastando".

"Todavia, estou sempre contigo, tu me seguras pela minha mão direita", escreveu o salmista. "Tu me guias com o teu conselho e depois me recebes na glória [...] Quanto a mim, bom é estar junto a Deus; no Senhor Deus ponho o meu refúgio" (Sl 73.23-24, 28).

4. Uma lição sobre as coisas temporais

Fico chateada quando as coisas se perdem. Até mesmo as pequenas coisas. Gosto de saber que as coisas têm seu devido lugar e se encontram nele. É muito pior quando algo como um manuscrito se perde. Trabalhei por várias semanas em um manuscrito e, quando o procurei para fazer a revisão final, ele havia desaparecido. Não estava em lugar algum. Procurei, em seguida Lars procurou; depois, ambos procuramos. Em todos os lugares prováveis e em todos os lugares improváveis. É claro que oramos sobre o assunto, juntos e separados, mas não conseguimos encontrá-lo. Por fim, eu disse ao Senhor que, se não o encontrasse naquele dia, começaria novamente do zero, a partir do rascunho, visto que o prazo limite estava se esgotando. Naquele dia, o tio Tom, então com 89 anos e que estava conosco, ficou muito doente. Não havia tempo para pensar em manuscrito.

No dia seguinte, aconteceu que, ao movermos uma mobília de lugar, descobrimos que as traças estavam fazendo sua obra maliciosa embaixo do móvel. Lars, então, saiu, comprou um spray de inseticida e começou a aplicar em todas as fendas e em todos os cantos. O manuscrito estava atrás de uma escrivaninha. Havia caído e ficara alojado em sentido vertical no rodapé. Se o tio Tom não tivesse ficado doente, eu teria realizado um dia de trabalho desnecessário naquele manuscrito sobre o qual ficara tão preocupada. Se as traças não tivessem colocado em sua minúscula cabeça que roeriam meu tapete, provavelmente nunca teríamos encontrado aquele maço de papéis até à primavera seguinte. Não foi por acaso que a oração formal em minha igreja naquele domingo (o oitavo depois do Pentecostes) foi: "Ó Deus, protetor de todos os que creem em ti, sem o qual nada é forte, nada é santo, aumenta e multiplica sobre nós a tua misericórdia, para que, tendo a ti como governador e guia, passemos pelas coisas temporais de modo a não perdermos as coisas eternas, por meio de Jesus Cristo, nosso Senhor, que vive e reina contigo, e do teu Espírito Santo, Deus único, para sempre e sempre. Amém".

Aquieta-te, por que o ansioso cuidado
Sobre os teus caminhos embaraçados?
Deus os conhece todos, ele dá rapidez,
Ele permite demoras.

E. W.

5. Temos de encalhar

Alguma vez você já depositou o coração e a alma em algo, orou a respeito e trabalhou nisso com o coração cheio de entusiasmo, porque acreditava que aquilo era o que Deus queria e, por fim, o viu "encalhar"?

A história da viagem de Paulo, como um prisioneiro, pelo mar Adriático nos diz que um anjo se colocou ao lado dele e lhe falou que não tivesse medo (apesar dos ventos de força colossal), porque Deus pouparia sua vida e a vida de todos os que estavam com ele no navio. Paulo animou seus guardas e os outros passageiros com essa mensagem e acrescentou: "Porém é necessário que vamos dar a [encalhar em] uma ilha" (At 27.26).

De pronto, talvez pensemos que o Deus que promete poupar todas as pessoas no navio poderia ter "feito o trabalho corretamente", salvando a embarcação também e poupando-os da infelicidade de terem de chegar à terra em tábuas e destroços que restaram do navio. O fato é que Deus não os poupou, da mesma forma que nem sempre nos poupa.

O céu não é aqui, é lá. Se recebêssemos tudo que desejamos, nosso coração se conformaria com este mundo, e não com o mundo vindouro. Deus está sempre nos atraindo para o alto e para fora deste mundo, cortejando-nos para si mesmo e para seu reino invisível, no qual certamente encontraremos aquilo pelo que anelamos tão intensamente.

"Encalhar" não é, portanto, o fim do mundo. Mas nos ajuda a tornar o mundo um pouco menos sedutor. Pode até ser a resposta de Deus à oração "Não nos deixes cair em tentação" — a tentação de nos conformarmos, de forma complacente, com as coisas visíveis.

6. Acidentes não existem

Minha amiga Judy Squier, de Portola Valley, na Califórnia, é uma das mulheres mais radiantes e alegres que conheço. Eu a conheci em uma reunião de oração, logo no começo de uma conferência. Ela estava sentada em uma cadeira de rodas, e eu percebi algo diferente a respeito de suas pernas. Mais tarde, naquele mesmo dia, eu a vi totalmente sem pernas. À noite, ela caminhava pelo lugar com o auxílio de muletas. Por óbvio, tive de lhe fazer algumas perguntas. Ela havia nascido sem pernas e, em algumas ocasiões, usava próteses, as quais, contudo, a cansavam (ela disse, rindo); por isso, não as usava com muita frequência. Quando ouvi falar de um pequeno bebê chamado Brandon Scott, nascido sem braços e sem pernas, perguntei se ela poderia escrever para os pais dele. Ela escreveu:

> A primeira coisa que eu gostaria de dizer é que tudo isso é, pelo menos, centenas de vezes mais difícil para os pais do que para o filho. Pela graça de Deus, um defeito congênito não rouba da infância sua maravilha, e a criança não é sobrecarregada com expectativas elevadas. Por ter contado com uma família apoiadora, criativa e amorosa, sei pessoalmente que desfrutei não uma vida abaixo da média, nem mesmo uma vida na média, mas, como já disse, tenho desfrutado não uma vida comum, mas, sim, uma vida extraordinária.
>
> Estou convencida, sem sombra de dúvida, de que um Pai Celestial amoroso supervisiona os milagres da criação no

santuário interior do ventre de cada mãe (Salmo 39) e que, em sua soberania, acidentes não existem.

"O que a lagarta chama de o fim do mundo, o Criador chama de uma borboleta." Como humanidade, vemos apenas o lado avesso e imperfeito do tapete divino de nossas vidas. O que julgamos ser "trágico — a coisa mais horrível que poderia acontecer" —, espero que um dia vejamos como a razão espetacular para a beleza e a singularidade de nossa vida e de nossa família. Acho que é por essa razão que Tiago 1.2 é um de meus versículos favoritos. A tradução Phillips o expressa assim: "Quando todos os tipos de provações e tentações encherem a nossa vida, meus irmãos, não fiquem ressentidos com elas como intrusas, mas recebam-nas como se fossem amigas".[1]

Eu amo a citação de Joni Eareckson Tada. Quando a vi na frente da revista *Moody Monthly*, de outubro de 1982, convenci-me de que ela havia escrito tais palavras para meu epitáfio. Ora, meu esposo, David, fica chocado ao me ouvir dizer que desejo ter esta citação na lápide de minha sepultura!

> Pessoas que têm deficiências são os melhores recursos visuais de Deus para mostrar quem ele realmente é. Seu poder se manifesta em fraqueza. E quem, segundo os padrões do mundo, é mais fraco do que os mental ou fisicamente deficientes? Enquanto o mundo observa, essas pessoas perseveram. Elas vivem, amam, creem e obedecem a Deus. Por fim, o mundo é obrigado a dizer: "Quão grande deve ser o Deus deles, que inspira esse tipo de lealdade!".

---

1 N.E.: Tradução livre para o português da versão da Bíblia inglesa Phillips.

Ser cristã não poupou minha família da dor e das lágrimas que acompanharam minha malformação congênita. De fato, dez anos atrás, quando David e eu entrevistamos nossos pais para um cassete de recordação, fiquei espantada ao ouvir os verdadeiros sentimentos de mamãe. Pedi-lhe que compartilhasse o evento mais árduo de sua vida. Sua resposta: "O dia em que Judy Ann nasceu... e ainda é". Mas, apesar disso, quando nos reunimos como família e consideramos o passar dos anos, nossas reflexões são invariavelmente silenciadas pela maravilha da obra da mão de Deus. Espero um dia expressar isso em forma de livro; e sei que será para a glória de Deus.

Casar e tornar-me mãe eram sonhos com os quais nunca ousei sonhar, mas Deus, o realizador de todos os milagres, tencionava que minha vida fosse abençoada com um marido incrível e três filhas. Emily tem nove anos; Betsy logo terá sete anos; e Naphtalie Joy tem quatro anos. Cheguei à conclusão de que toda pessoa deficiente precisa de pelo menos um filho. Minhas filhas são ajudadoras fantásticas e bastante dispostas a me "emprestarem" suas pernas, quando preciso de ajuda.

Vocês, como família, foram escolhidos de maneira especial para mostrar a obra-prima de Deus. Oro que as raízes da fé de vocês se aprofundem na fidelidade do plano amoroso de Deus, que troquem sua insuficiência pela suficiência do poder da ressurreição de Jesus e se maravilhem ao testemunhar os frutos do Espírito manifestados em sua família.

7. Aprendendo o amor do Pai

Quando meu irmão Dave era bem pequeno, passamos uma semana na praia em Belmar, Nova Jérsei. Papai tentou em vão persuadir o menininho a entrar com ele nas ondas e pular, prometendo segurá-lo firmemente e não deixar que as ondas passassem por cima de sua cabeça. Ele me levou (apenas um ano mais velha) para o oceano e mostrou a Dave como seria divertido. Nada feito. O oceano era aterrorizante. Dave estava certo de que entrar no oceano significaria um desastre e não conseguiu confiar em seu pai. No último dia de férias, ele cedeu. Não foi levado pela água, nosso pai o segurou como prometera, e ele se divertiu muito mais do que podia imaginar. Então, irrompeu em lágrimas e lamentou: "Por que você não me obrigou a entrar?".

Uma das primeiras lições sobre a oração vem por meio de uma dolorosa experiência de medo. Encaramos a adversidade iminente e duvidamos do amor, da sabedoria e do poder de nosso Pai nos céus. Quando já tentamos tudo, desesperadas, voltamo-nos à oração — do tipo primitivo: aqui está alguém que dizem ser capaz de fazer qualquer coisa. A grande pergunta é: como conseguir que ele faça o que eu quero? Como mover seu braço, como persuadir uma deidade remota e relutante a mudar de ideia?

Quando o povo de Israel estava acampado em Pi-Hairote e viu os egípcios em seu encalço, pensaram que estavam face a face com a morte e que Moisés era o responsável pela situação: "Será, por não haver sepulcros no Egito, que nos tiraste de lá, para que morramos neste deserto?" (Êx 14.11).

"Não temais", disse Moisés, "aquietai-vos. [...] O Senhor pelejará por vós, e vós vos calareis" (Êx 14.13-14).

Você conhece a história do livramento — o mar foi recuado, Israel marchou através do mar com os pés enxutos, e, quando os egípcios os perseguiram, o mar inundou seus cavalos, seus carros e todo o exército. "Nem mesmo um deles ficou." A canção de vitória que Moisés e Israel cantaram revela o reconhecimento não somente da força, da majestade e dos prodígios do Senhor, mas também sua bondade amorosa, imensuravelmente acima de qualquer coisa que ousaram esperar.

Pobre Dave! Seu pai podia tê-lo forçado a entrar na água, mas não podia tê-lo forçado a relaxar e desfrutá-la. Enquanto o filho insistia em proteger a si mesmo, salvando a vida que ele estava certo de que perderia, não conseguiu confiar no amor forte de seu pai. Não quis render-se. Nessa história simples, ouvimos ecos da história mais antiga, dos dois que, desconfiando da palavra de seu Pai e temendo que a obediência a ele os privaria de felicidade, escolheram rejeitar a dependência em relação a ele. Pecado, morte e destruição para toda a raça humana, esse foi o resultado.

Aprender a orar é aprender a confiar na sabedoria, no poder e no amor de nosso Pai Celestial, sempre muito além de nossos sonhos. Ele conhece nossas necessidades e os meios de satisfazê-las que nunca passaram por nossa mente. Coisas que temos certeza de que são necessárias para a felicidade podem, frequentemente, levar à nossa ruína. Coisas que pensamos que nos arruinarão (os carros do Egito, as águas do mar ou as pequenas ondas em Belmar!), se crermos no que o Pai nos diz e nos rendermos aos seus braços fortes, nos conduzem a livramento e regozijo.

A única saída para o amor-próprio é a rendição do ego. "Quem perder a vida por minha causa achá-la-á" (Mt 16.25). "Permanecei no meu amor. Se guardardes os meus mandamentos, permanecereis no meu amor; assim como também eu tenho guardado os mandamentos de meu Pai e no seu amor permaneço. Tenho-vos dito estas coisas para que o meu gozo esteja em vós, e o vosso gozo seja completo" (Jo 15.9-11). Papai sabia muito melhor que seu filhinho temeroso e obstinado o que lhe daria alegria. Assim também nosso Pai Celestial. Sempre que lhe resisti, enganei a mim mesma, como meu irmão fez. Sempre que me rendi a ele, encontrei regozijo.

8. Um farol no Brooklyn

Por quarenta anos, um pedacinho do meu coração esteve no Brooklyn, em Nova York, onde, em 1951, morei por alguns meses, com o objetivo de frequentar uma igreja de fala espanhola e ter aulas desse idioma, antes de seguir para o Equador. Mas, agora, um pedaço maior do meu coração está no Brooklyn — tão grande, de fato, que tenho sentido o desejo de deixar a casa em que moro e o trabalho que faço e mudar para lá!

Vou explicar. Fui convidada a falar para um grupo de mulheres num sábado à tarde, no Brooklyn Tabernacle. Pareceu interessante, mas eu não esperava algo tão emocionante quanto foi essa experiência. O Brooklyn é um lugar difícil. Há muita pobreza. Drogas, assaltos e assassinatos são ocorrências quase diárias. E tem havido alguns tumultos bem feios entre judeus e negros em uma das áreas mais "civilizadas". A vizinhança em que morei era muito desanimadora na época; por isso, eu me pergunto se não seria pior agora. Estava ansiosa para encontrar o apartamento na Avenida Bushwick, 519 (no quinto andar, a 17 dólares por mês — muito barulho, aromas estranhos de comida, ratos enormes e pouquíssimo calor ou água quente). Abraham, o homem bondoso que nos levou de carro pelos arredores, localizou a área, mas o quarteirão inteiro havia sido demolido (nenhuma surpresa). Não havia nada lá; apenas lotes vazios. Bem, não realmente vazios; havia colchões, geladeiras velhas, pneus, molas de camas, sofás com estofamento para fora — chame do que quiser, coisas que qualquer um poderia pegar. De fato, havia tantos montes de lixo por toda a parte que me perguntei onde colocariam tudo aquilo se resolvessem limpar o lugar. Desolador e deprimente ao extremo. Grafite, a evidência detestável do desafio a toda lei e ordem, cobria todas as paredes no nível da rua e outras bem acima. Abraham disse que milhares de pessoas estão sempre limpando o local, mas, na manhã seguinte, está tudo de volta.

Fiquei pensando na antiga canção evangélica "Resplandeçam nossas luzes". Eis uma parte dela:

> Sempre brilha, em graça imensa,
> Rico amor do eterno Deus;
> Cumpre a nós mostrar o rumo
> Da viagem para os céus!
>
> Resplandeçam nossas luzes
> Através do escuro mar!
> Pois nas trevas do pecado
> Almas podem naufragar!

Lá na Avenida Flatbush, está o Brooklyn Tabernacle, resplandecendo contra a escuridão do mar. Milhares têm "chegado ao porto" por causa de sua luz. Minha audiência era uma maravilhosa mistura de cores e contextos étnicos, a música era mais alta do que eu estava costumada a ouvir, mas era maravilhosamente exuberante e fervorosa. Não havia dúvida: todas aquelas mulheres estavam *adorando*. Ouvi algumas de suas histórias — quase inimagináveis para mim — de drogas, álcool, abuso, pobreza, abandono. Uma carta de uma mãe anônima enviada ao pastor falava de sua própria angústia. Naquela semana, ela soubera que sua filha de 14 anos estava grávida. O pai da criança era seu próprio irmão de 17 anos. Essa mãe disse que ela quisera matar seus filhos e suicidar-se. "Mas estou superando", disse ela, "com Jesus e a ajuda de sua igreja".

Ouvimos o coral de duzentas vozes na Cruzada Billy Graham, no Central Park, no sábado à tarde. À noite, depois de falar novamente no Tabernacle, jantamos com um grupo de pessoas da igreja. Pedi a uma mulher chamada Marie que me contasse sua história. Seu marido sorriu e disse: "Ela ama contá-la! É sua história favorita". Como eu gostaria de ter espaço para narrar toda essa história aqui.

Sua mãe, aos cinco meses de gestação, morreu de câncer. Marie sobreviveu e foi colocada num hospital de órfãos. Depois, ela foi entregue aos cuidados de freiras que a trataram de forma cruel, embora lhe ensinassem sobre Deus. Marie tinha certeza de que Deus era melhor do que as freiras eram. Marie sabia que seu pai a amava, mas ela estava faminta por mais. Aos dez anos, ela começou a cheirar cola. Isso a levou a fumar maconha, consumindo drogas pelos quinze anos subsequentes. Em um período de férias no Club Med do México, com seu namorado, ela começou a se perguntar por que havia nascido. Por que Deus a fizera? Qual significado havia naquilo tudo? Deus lhe falou claramente: "Maria, dê-me a sua vida. Esta é a sua última chance". De repente, ela perdeu o desejo de consumir drogas e disse a seu namorado que não dormiria mais com ele, de maneira alguma. Em seu retorno para Nova York, Marie encontrou um grupo de amigos que estivera orando por ela, no tempo exato em que tudo isso aconteceu. Sua vida agora é totalmente transformada. Ela se casou com o namorado, que agora é pastor.

"Você deveria ter-me visto", disse ela. "Cabelos longos, três brincos em cada orelha, penas!"

Pensei em minha própria criação — Cristo como o Cabeça de nosso lar, pais que o amavam, que amavam um ao outro e a nós.

Nada de álcool ou drogas; apenas a Bíblia e o canto de hinos. Uma casa limpa em uma rua limpa. Pensei no testemunho de Nick Cruz, naquela tarde, na Cruzada Billy Graham — de profundos pecado e tristeza a regozijo; e nas palavras simples de Johnny Cash: "Álcool nunca me deu paz. Drogas nunca me trouxeram felicidade. Encontrei paz e felicidade em Jesus Cristo. Ele mudou a minha vida". Depois, ele cantou "A velha conta foi paga muito tempo atrás", enquanto sua querida June entrava com o refrão vigoroso: "De joelhos".

Lágrimas surgem à medida que escrevo, lembrando a alegria inexprimível que vi nas faces erguidas durante aqueles dois dias. Aquelas pessoas ainda viviam em meio a grandes tribulações e angústias profundas, mas estavam alegres. Havia paz e um amor como pouco tenho visto nas igrejas. Não sei em que outro momento recebi tantos abraços. Como explicar tudo aquilo? É bem simples.

> Certamente, a palavra da cruz é loucura para os que se perdem, mas para nós, que somos salvos, poder de Deus. [...] Deus escolheu as coisas loucas do mundo para envergonhar os sábios e escolheu as coisas fracas do mundo para envergonhar as fortes; e Deus escolheu as coisas humildes do mundo, e as desprezadas, e aquelas que não são, para reduzir a nada as que são; a fim de que ninguém se vanglorie na presença de Deus. Mas vós sois dele, em Cristo Jesus, o qual se nos tornou, da parte de Deus, sabedoria, e justiça, e santificação, e redenção (1Co 1.18, 27-30).

9. Deus permite que seus filhos sejam pobres?

Deus permite que tanto cristãos como não cristãos experimentem toda forma de sofrimento conhecido pela raça humana, assim como permite que suas bênçãos caiam sobre todos. A pobreza, a exemplo de outras formas de sofrimento, é relativa, como Lars e eu fomos lembrados quando estivemos na Índia. A definição de "nível de pobreza" de nosso país significaria prosperidade inimaginável para as moças que vimos trabalhando ao lado de nosso hotel. Durante nove horas por dia, elas carregavam massa de concreto úmido em bacias de madeira sobre a cabeça, derramando-o nas formas para o alicerce de uma grande construção. E recebiam trinta centavos de dólar por dia.

Em minha lista de Escrituras que sugerem algumas das razões para Deus permitir que seus filhos sofram pobreza, está 2 Coríntios 8.2: "porque, no meio de muita prova de tribulação, manifestaram abundância de alegria, e a profunda pobreza deles superabundou em grande riqueza da sua generosidade". Paulo estava falando sobre as igrejas da Macedônia, que eram provas vivas de que não é pobreza nem riqueza o que determina a generosidade. E, algumas vezes, aqueles que vivenciam mais dificuldades financeiras são os mais dispostos a compartilhar o que têm: "pedindo-nos, com muitos rogos, a graça de participarem da assistência aos santos" (2Co 8.4).

O dinheiro tem um poder terrível quando é amado. Pode cegar-nos, algemar-nos, encher-nos de ansiedade e medo, afligir nossos dias e noites com miséria, exaurir-nos quando o perseguimos. Os cristãos macedônios, possuindo pouco dinheiro, aceitaram sua condição com fé e confiança. Seus olhos foram abertos para não se deixarem influenciar por sua própria miséria. Conseguiram ver o que era muito mais importante que uma conta bancária e, a partir de sua "abundância de alegria", contribuíram para as necessidades de seus irmãos.

Se, ao perdermos o que este mundo valoriza, somos capacitadas a ganhar o que ele despreza — tesouro no céu, invisível e incorruptível —, acaso não vale a pena qualquer tipo de sofrimento? Qual é o valor de aprendermos um pouco mais do que a cruz significa — vida dentre os mortos, a transformação das perdas, das angústias e das tragédias na face da terra?

Pobreza não tem sido a minha experiência, mas Deus tem permitido na vida de todos nós algum tipo de perda, a remoção de algo que valorizamos, a fim de aprendermos a nos oferecer a nós mesmas um pouco mais espontaneamente, de permitirmos o toque da morte em mais uma coisa à qual agarramos tão fortemente e, assim, conhecermos plenitude, liberdade e alegria muito mais cedo. Não somos inclinadas naturalmente a amar a Deus e a buscar seu reino. As dificuldades podem contribuir para nos tombar, impor alguma pressão sobre nós, inclinar-nos na direção correta.

10. Por que Deus está fazendo isso comigo?

Anos atrás, a National Geographic publicou um artigo que, desde então, afetou minha forma de pensar. Intitulado "O universo incrível" e escrito por Kenneth F. Weaver e James P. Blair, o artigo incluía o seguinte parágrafo:

> Como a mente humana pode lidar com o conhecimento de que o objeto mais distante que podemos ver no universo talvez esteja a dez bilhões de anos-luz?! Imagine que a espessura desta página represente a distância da terra até ao sol (149,6 milhões de quilômetros ou cerca de oito minutos-luz). Depois, a distância para a estrela mais próxima (4,24 anos-luz) é uma pilha de papel de 21,6 m de altura. E o diâmetro de nossa própria galáxia (100.000 anos-luz) é uma pilha de papel de 499 km de altura, enquanto a borda do universo conhecido só é atingida quando a pilha de papel chega à altura de 49,9 milhões de quilômetros, um terço da distância até ao sol.

Quase cinquenta milhões de quilômetros. Isso é uma pilha de papel muito grande. Quando chego aos 35 milhões, fico perdida — e você não fica? Li em outra obra que nossa galáxia é uma (apenas uma) de talvez dez bilhões.

Conheço aquele que fez tudo isso. Ele é meu pastor. Isto é o que ele diz: "Também a minha mão fundou a terra, e a minha destra estendeu os céus; quando eu os chamar, eles se apresentarão juntos […] Assim diz o SENHOR, o teu Redentor, o Santo de Israel: Eu sou o SENHOR, o teu Deus, que te ensina o que é útil e te guia pelo caminho em que deves andar. Ah! Se tivesses dado ouvidos aos meus mandamentos! Então, seria a tua paz como um rio, e a tua justiça, como as ondas do mar" (Is 48.13, 17,18).

Quase não se passa um dia sem que eu receba uma carta, uma chamada telefônica ou a visita de alguém que enfrenta uma aflição. E, com frequência, surge, de uma forma ou de outra, a seguinte pergunta: *Por que Deus faz isso comigo?*

Quando me sinto tentada a fazer essa mesma pergunta, ela perde seu poder quando lembro que esse Senhor, em cujas mãos fortes entreguei minha vida há muito tempo, está administrando um universo de proporções e complexidade inimagináveis. Como eu poderia entender tudo que ele possivelmente está levando em consideração ao lidar com o universo e comigo, uma simples pessoa? Ele nos deu inúmeras certezas de que não nos perderemos no labirinto. Ele coreografa a "dança molecular" que acontece a cada minuto e a cada segundo, de cada dia, em cada célula no universo. Só para deixar claro, *uma* célula tem cerca de duzentos trilhões de moléculas. Ele toma nota das pequeninas sementes e dos minúsculos pardais. Nunca está ocupado demais para manter registros até mesmo de meu cabelo que cai.

No entanto, em nossas horas de trevas, supomos que Deus nos ignorou. Ele não faz isso. Compilei uma lista das respostas que o próprio Deus tem dado às nossas persistentes perguntas sobre adversidade:

1. Precisamos ser podadas. No último discurso de Jesus com seus discípulos, antes de ser crucificado (um discurso que se destinava tanto aos discípulos como a nós), ele explicou que Deus é o Agricultor, ele mesmo é a Videira, e nós somos os ramos. Se estamos produzindo fruto, então temos de ser podadas. Esse é um processo doloroso. Jesus sabia que seus discípulos enfrentariam muito sofrimento. E lhes mostrou, por meio dessa linda metáfora, que o sofrimento tinha um propósito. Só as videiras que são bem-podadas produzem os melhores frutos. Eles poderiam receber consolo em saber que a poda comprovaria que não eram nem estéreis nem murchos, pois, nesse caso, seriam simplesmente queimados na pilha de arbustos.

O ato de podar exige a remoção não somente do que é supérfluo, mas também do que parece ser bom patrimônio. Por que devemos ficar tão perplexas quando o Senhor remove coisas boas de nossa vida? Ele explicou assim: "Nisto é glorificado meu Pai, em que deis muito fruto; e assim vos tornareis meus discípulos" (Jo 15.8). Não precisamos ver de que forma isso é eficaz. Ele nos disse que é realmente.

2. Precisamos ser refinadas. Pedro escreveu ao povo de Deus disperso, lembrando-lhes que, embora estivessem sendo, "por breve tempo... contristados por várias provações" (eles estavam em exílio — o tipo de provação que a maioria de nós pensaria ser muito mais do que uma tristeza), eles eram, apesar disso, eleitos no propósito de Deus, santificados para seu serviço e consagrados com o sangue de Jesus Cristo. Porém, ainda assim, eles precisavam de refinamento. Ouro é ouro, mas tem de passar pelo fogo. A fé é muito mais preciosa; por isso, a fé sempre terá um novo teste a suportar. Lembre-se da amorosa promessa de Deus em 2 Coríntios 12.9: "A minha graça te basta, porque o poder se aperfeiçoa na fraqueza".

Tu estás me tornando idoso, eu te agradeço.
O que tu fizeste e fazes, tu sabes muito bem.
E eu te ajudarei; gentilmente, no teu fogo
Queimando permanecerei; na tua roda de oleiro,
Paciente girarei, ainda que o cérebro se abale.
A tua graça será suficiente para a tristeza silenciar
E, por meio de grande fraqueza, a força aperfeiçoar.

George MacDonald
Diary of an old soul [Diário de uma alma idosa],
2 de outubro

Como levarás a cruz, que agora
Parece um fardo tão pavoroso?
Fica quieto para Deus e pensa
Nos anos da eternidade.

E. W. Faber

11. Já sentiu amargura?

Algumas vezes eu já disse: "Ó Senhor, você não faria isso comigo, faria? Como poderia, Senhor?" Mais tarde, sempre me lembro dessas ocasiões e compreendo que minha perspectiva estava, na verdade, distorcida. Uma passagem que me ajuda a corrigi-la é Isaías 45.9-12: "Ai daquele que contende com o seu Criador! E não passa de um caco de barro entre outros cacos. Acaso, dirá o barro ao que lhe dá forma: Que fazes? [...] Assim diz o Senhor, o Santo de Israel, aquele que o formou: Quereis, acaso, saber as coisas futuras? Quereis dar ordens acerca de meus filhos e acerca das obras de minhas mãos? Eu fiz a terra e criei nela o homem". Ele sabe exatamente o que está fazendo. Eu sou barro. A palavra humilde tem origem na palavra humus — terra, barro. Devo lembrar isso quando questiono o modo de agir de Deus. Não o entendo, mas ele não me pede que o entenda; apenas que confie nele. A amargura se desfaz quando lembro o tipo de amor com o qual ele me amou — ele se entregou por mim. Ele se entregou por mim. O que quer que ele esteja fazendo agora não é motivo de amargura. Deve ser algo planejado para o bem, porque ele me amou e entregou a si mesmo por mim.

É pecado perguntar a Deus por quê?

É sempre melhor irmos inicialmente ao próprio Jesus em busca de nossas respostas. Ele clamou na cruz: "Deus meu, Deus meu, por que me desamparaste?". Era um clamor humano, um clamor de desespero, vindo da agonia de seu coração diante da perspectiva de ser entregue às mãos de ímpios e tornar-se realmente pecado por você e por mim. Nunca podemos sofrer algo semelhante a isso, mas às vezes nos sentimos abandonadas e clamamos: Por que, Senhor?

O salmista perguntou por quê. Jó, um homem íntegro, que sofreu tormentos horríveis sentado em cinzas, perguntou por quê. Não me parece ser pecaminoso fazer essa pergunta. O que é pecaminoso é ressentir-se contra Deus e com seu modo de agir conosco. Quando começamos a duvidar de seu amor e imaginamos que ele nos está espoliando de algo a que temos direito, tornamo-nos culpadas, como Adão e Eva se tornaram culpados. Acreditaram na voz da serpente, e não na voz de Deus. A mesma serpente vem até nós, repetidas vezes, com a mesma sugestão: "Deus ama realmente você? Ele quer realmente o melhor para você? Sua palavra é digna de confiança? Ele não está enganando você? Esqueça a promessa dele. Seria muito melhor você seguir seu próprio caminho".

Muitas vezes, já perguntei o porquê. Aconteceram muitas coisas que eu não planejei e que a racionalidade humana não podia explicar. Nas trevas de minha perplexidade e tristeza, ouvi o Senhor dizer calmamente: "Confie em mim". Ele sabia que minha pergunta não era um desafio, algo resultante de incredulidade ou ressentimento. Nunca duvidei de que ele me ama. Mas, às vezes, sinto-me como Teresa de Ávila, que, ao ser lançada de uma carroça numa valeta, disse: "Se essa é a maneira como tratas os teus amigos, não é de admirar que tenhas poucos!". Jó não foi, parece-me, um homem muito paciente. Mas ele nunca abandonou sua convicção de que estava nas mãos de Deus. Deus era sublime e podia aceitar o que quer que Jó dissesse (ver, por exemplo, Jó 16). Não tenha medo de lhe dizer como você se sente (de qualquer modo, ele já leu seus pensamentos). Não diga ao mundo inteiro. Deus pode ouvi-lo; os outros, não. Após, ouça a resposta dele. Seis repostas bíblicas à pergunta Por quê? estão em 1Pedro 4.12-13, Romanos 5.3-4, 2 Coríntios 12.9, João 14.31, Romanos 8.17 e Colossenses 1.24. Há mistério, mas nem tudo é mistério. Nessas passagens, há razões claras.

12. Por favor, Senhor, remova o dilema

Visto que meu marido, Lars, é um norueguês que ficaria satisfeito em comer peixe três vezes ao dia, caso eu lhe desse (o que raramente faço), ocasionalmente tenho de jogar fora cabeças e ossos de peixe. Não gosto do barulho que os ossos fazem ao serem colocados no triturador de lixo, então eu os lanço pela janela, na grama. Um serviço de limpeza rápido e completo é feito gratuitamente por sete corvos residentes que aparecem sabe-se lá de onde (nove minutos é o tempo máximo que levam para detectar minhas dádivas). Recentemente, vi um deles tentando pegar todas as peças em seu bico antes que seus colegas chegassem. Ele pegou cuidadosamente tudo, exceto uma longa espinha dorsal. Ali estava o dilema. Como pegar aquela espinha dorsal sem deixar cair o que já tinha no bico? Ele investigou solenemente o cenário, passeou lentamente ao redor do osso e ponderou. Então, tudo é feito por instinto, não é? Eu não acredito nisso. Ele estava refletindo. Então, tomou uma decisão. Deixou cair os ossos menores, agarrou o osso bem no meio e o ergueu. Muito desajeitado. Mais reflexão. Então, delicadamente, ele ergueu uma extremidade do osso, curvou-o com sua garra e pegou a outra extremidade. Agora, segurando ambas as extremidades com o bico, ele conseguiu, de alguma maneira (sinceramente, não consegui entender exatamente como), coletar todos, exceto alguns pequenos restos, e voou, triunfante, para desfrutar seu achado sozinho.

Há alguma leitora deste livro que não esteja vivenciando algum tipo de perplexidade? Algumas de nós enfrentamos dilemas sérios. Queremos orar: "Senhor, por favor, remova o dilema". Em geral, a resposta é: "Não, não imediatamente". Temos de enfrentá-lo, orar a seu respeito, pensar no dilema, esperar no Senhor, fazer uma escolha. Algumas vezes, trata-se de uma escolha excruciante.

Agostinho disse: "Os próprios prazeres da vida humana, os homens obtêm com dificuldade". Há tempos em que todo o arranjo de nossa existência é tumultuado, e nós ansiamos apenas por um dia comum — vendo a nossa vida comum como grandemente desejável, até mesmo maravilhosa, à luz do horrível tumulto em curso. A dificuldade abre nossos olhos aos prazeres que entendemos como normalidades.

Lembro-me de uma das ocasiões em que meu segundo esposo, Add, recebeu alta do hospital, quando estava com câncer. Não imaginei que ele estivesse curado, mas o simples fato de tê-lo outra vez no lar foi tudo que pedi para aquele dia. Preparei a mesa com luz de velas, como sempre fiz para jantar. Fiz a comida favorita dele — bife, batata assada, salada, minha torta de maçã caseira. Quando curvamos a face para dar graças, da maneira habitual, tive um desejo repentino de fazer algo incomum — cair no chão, agarrar as mãos dele e cantar "Vamos partir o pão juntos de joelhos". Não fiz isso. Tudo seguiu da maneira normal, mas houve um novo esplendor apenas porque não tivéramos essas coisas por um tempo; e sabíamos que logo seríamos privados delas novamente, talvez de modo permanente.

Paulo disse: "De tudo e em todas as circunstâncias, já tenho experiência" (Fp 4.12). Ele se encontrava em grande dificuldade, perplexo, perseguido e abatido. Em sua misericórdia, Deus não escolhera remover os dilemas que Paulo vivenciava (algumas das grandes misericórdias de Deus são suas recusas), mas escolheu, em vez disso, tornar-se conhecido a Paulo por causa dos dilemas, de maneiras que fortaleceriam sua fé e o tornariam um fortalecedor e um instrumento de paz para nós. Estava em grande dificuldade, mas não encurralado — Deus promete que nenhum de nós jamais será tentado além de nosso poder para suportar. Paulo estava perplexo, mas nunca no limite de seus recursos intelectuais — Deus promete sabedoria àqueles que lhe pedem. Perseguido, mas nunca deixado para suportar sozinho — Deus promete sua presença infalível, todos os dias de nossas vidas. Abatido, mas não deixado para morrer, embora alguns de seus resgates tivessem sido ignominiosos ao extremo — o grande apóstolo, descido pela muralha em um cesto e numa ocasião chegando à terra firme em um pedaço de destroços de navio! Dificilmente Deus usaria os meios que ele, Paulo, imaginava para cumprir suas promessas. A vida é absurda — à primeira vista —, mas cada detalhe da vida está planejado, como Paulo também disse: "Porque todas as coisas existem por amor de vós, para que a graça, multiplicando-se, torne abundantes as ações de graças por meio de muitos, para glória de Deus" (2Co 4.15).

Talvez o testemunho de Paulo, que já encorajou inúmeros crentes, anime alguém que enfrenta um dilema e tem rogado ao Senhor que o remova. Todos os dilemas de Paulo foram resolvidos, mas não todos à maneira de Paulo ou no tempo de Paulo. Selá.

13. Talvez neste ano...?

"Nem sei por onde começar", dizem as primeiras palavras de uma carta. "Minha história não envolve homens. Esse é o problema. Parece que não encontro companhia masculina, e receio talvez nunca encontrar. Eles nunca me convidam duas vezes para sairmos. Sempre sou 'descartada'. O problema é: eu quero ter um relacionamento. Tenho esse desejo avassalador...".

Outra pessoa me disse: "Estou profundamente apaixonada. Ele também está profundamente apaixonado — por outra mulher".

Outra carta fala do angustiante anseio de um casal para ter um filho. Visto que Deus não removeu esse desejo, eles perguntam: acaso não deveríamos concluir que Deus deseja que usemos qualquer meio possível (como, por exemplo, fertilização in vitro) para ter um filho?

O fato de que Deus não remove um desejo humano perfeitamente normal não indica, de maneira alguma, que estejamos livres para perseguir sua realização da maneira que escolhermos. Uma mulher que, depois de anos de lutas, havia perdido rapidamente 27 quilos, me contou que havia esperado que Deus removesse seu apetite. Quando compreendeu que Deus não tencionava fazer isso (ela estivera pedindo a remoção de nossa proteção contra morrer de fome, dada por Deus), parou de satisfazer aquele apetite de maneiras equivocadas.

A moça encontrará um companheiro? O casal terá um filho? Talvez este ano seja o tempo de realização do desejo. Talvez, por outro lado, seja o ano do desejo radicalmente transformado, o ano de descobrir, se ainda não tivermos descoberto verdadeiramente, que Cristo é o Todo-Suficiente, o "profundo e deleitável poço de amor".

"Por que Deus não deixa alguém entrar em minha vida? Sinto-me excluída, abandonada. Quando será a minha vez?" A carta petulante continua: "Eu me sinto privada! Ele me negará o único pequeno desejo de meu coração? É um tesouro grande demais para ser pedido? Encontro-me torturada e desanimada".

É provável que a vida continue a manter muitas formas de tortura e desânimo para essa pessoa infeliz e para todas aquelas que se recusam a receber com ação de graças, e não com pesar, o lugar que Deus escolheu para elas na vida. A tortura é autoinfligida, porque Deus não rejeitou as orações dessas pessoas. Ele sabe melhor do qualquer um de nós o que promove a nossa salvação. Nossa verdadeira felicidade deve realizar-se precisamente por meio das recusas de Deus, que são sempre misericórdias. A escolha de Deus é planejada à perfeição para causar o mais profundo tipo de alegria tão logo seja aceita.

Joseph Eliot, no século XVII, disse: "Preciso de tudo que Deus me dá e não quero [ou não sinto falta de] nada que ele me nega".

Em sua retrospectiva do caminho de Deus em conduzir os filhos de Israel, Moisés disse:

> Recordar-te-ás de todo o caminho pelo qual o Senhor, teu Deus, te guiou no deserto estes quarenta anos, para te humilhar, para te provar, para saber o que estava no teu coração, se guardarias ou não os seus mandamentos. Ele te humilhou, e te deixou ter fome, e te sustentou com o maná, que tu não conhecias, nem teus pais o conheciam, para te dar a entender que não só de pão viverá o homem, mas de tudo o

que procede da boca do Senhor viverá o homem [...] Sabe, pois, no teu coração, que, como um homem disciplina a seu filho, assim te disciplina o Senhor, teu Deus [...] porque o Senhor, teu Deus, te faz entrar numa boa terra, terra de ribeiros de águas, de fontes, de mananciais profundos, que saem dos vales e das montanhas; terra de trigo e cevada, de vides, figueiras e romeiras; terra de oliveiras, de azeite e mel; terra em que comerás o pão sem escassez, e nada te faltará nela. (Dt 8.2-3, 5, 7-9)

A causa de nosso descontentamento: simplesmente não cremos em Deus. A experiência no deserto leva à Terra Prometida. É o caminho que Deus escolheu para nós. Sua Palavra está estabelecida para sempre, e ele nos diz, de milhares de maneiras, que sua vontade é nossa paz, e que suas escolhas para nós levarão a gozo e satisfação. O caminho dos transgressores é árduo. Supomos que somos capazes de encontrar um caminho melhor que o dele?

Um dos personagens de George Eliot diz:

> Você está buscando sua própria vontade, minha filha. Está buscando algum bem melhor do que a lei que lhe cumpre obedecer. Mas como achará algum bem? Não é uma coisa de sua escolha; é um rio que jorra da base do Trono Invisível e flui pelo caminho da obediência. Digo novamente, o homem não pode escolher seus deveres. Você pode escolher abandonar seus deveres e escolher não ter as tristezas que eles trazem. Mas você seguirá em frente, minha filha, e o que encontrará? Tristeza sem dever — ervas amargas, desacompanhadas de pão.

Em vez de observarmos o amor eterno de Deus, o amor que se curvou compassivamente à nossa humanidade e anela por todos nós com o anelo indizível de um pai, pensamos às vezes em Deus como indiferente, inacessível ou até mesmo injusto.

As piores dores que experimentamos não são as do próprio sofrimento, mas, sim, as dores de nossa resistência obstinada ao sofrimento, de nossa insistência resoluta em nossa independência. Ser "crucificado com Cristo" significa o que Oswald Chambers chama "quebrar a casca" dessa independência. "Essa quebra já chegou?", pergunta ele. "Tudo o mais é fraude piedosa." E você e eu sabemos, nas profundezas de nossos corações, que esse golpe de espada (tão característico de Chambers) é a verdade franca.

Se rejeitarmos essa cruz, não voltaremos a encontrá-la neste mundo. Aqui está a oportunidade oferecida. Seja paciente. Espere no Senhor quanto a tudo que ele designar, espere tranquila e confiantemente. Ele tem nas mãos cada minuto de cada dia, de cada semana, de cada mês, de cada ano. Agradeça-lhe de antemão pelo que o futuro contém, porque ele já está lá. "O Senhor é a porção da minha herança e o meu cálice; tu és o arrimo da minha sorte" (Sl 16.5). Acaso não diremos alegremente: "Eu o aceitarei, Senhor! Sim! Eu confiarei em ti em relação a tudo. Bendize, ó minha alma, ao Senhor"?

Tenho muitas cruzes para levar agora,
E muitas ficaram para trás;
Mas problemas presentes não me abalam,
Nem perturbam a minha mente tranquila.
E qual será a cruz de amanhã
Eu jamais procuro saber;
Meu Pai diz: "Deixe isso comigo,
E mantenha uma mente tranquila".

Anônimo

14. Não pressuponha tristeza

Numa tarde quieta e ensolarada, eu estava sentada numa pequena capela em uma ilha do Sul e pensei ter ouvido alguém entrar. Uma mulher jovem chorava silenciosamente. Algum tempo depois, perguntei se poderia ajudá-la. Ela confidenciou seus temores a respeito do futuro: como seria sua vida se seu marido morresse? Ou se um de seus filhos morresse? Ou se ficassem sem dinheiro?

Creio que todos os nossos temores representam, de alguma forma, o temor da morte, comum a todas nós. Mas é nosso dever bisbilhotar o que pode acontecer amanhã? Esse é um exercício árduo e doloroso que exaure a força e consome o tempo que nos é dado hoje. Uma vez que entregamos a nós mesmas a Deus, devemos tentar apropriar-nos do que nunca pode pertencer a nós — o amanhã? Nossa vida pertence a Deus, nosso tempo está em suas mãos, ele é Senhor sobre o que acontecerá, não importando o que possa acontecer. Quando oramos: "Seja feita a tua vontade", acaso supomos que ele não nos ouve? Ele ouve realmente, e, a cada dia, torna seus os nossos negócios, e participa de nossas vidas. Se minha vida já foi rendida a Deus, tudo vai bem. Não quero tomá-la de volta, como se estivesse em perigo nas mãos dele, mas segura em minhas mãos.

O hoje é meu. O amanhã não me compete. Se eu espiar ansiosamente a névoa do futuro, comprimirei meus olhos de modo que não verei com clareza o que é exigido de mim agora.

"Basta ao dia seu próprio mal" — e seu trabalho. O mal não faz parte do jugo que Jesus pede que tomemos. Nosso trabalho faz, e

Jesus carrega esse jugo conosco. Assumirei obrigações excessivas se presumir algo mais.

> Deus acorrenta o cachorro até à noite; tu soltarás a corrente
> E despertarás a tua tristeza?
> Tu a anteciparás e entristecerás hoje o amanhã
> E, depois, outra vez
> Tristeza nova sobre toda a tua dor?
>
> Ou a tristeza não virá, ou, se tiver de vir,
> Não a pressuponhas;
> E, embora ela venha, logo passará.
> Afasta-te, desconfiança;
> Meu Deus prometeu; ele é justo.
> *The discharge* [O alívio], George Herbert

15. Quão grande é o braço de Deus?

Como reconciliamos as promessas de Deus relativas à proteção com a realidade de que muitos fatos ruins acontecem em nossas vidas? Podemos crer em Deus quanto à sua proteção?

Essas perguntas surgem com muita frequência. E isso não surpreende porque há muitas promessas na Bíblia sobre proteção, incluindo (especialmente no Antigo Testamento) proteção física. Temos de ser cuidadosas para interpretar a Escritura com Escritura. E, se examinarmos o relato bíblico, descobriremos que nem sempre Deus protegeu, de alguma maneira, seu povo de sofrer danos. Deus tem poder absoluto para nos manter seguras, tanto física como espiritualmente. Mas sua administração do universo dá lugar à liberdade do ser humano de escolher — ou seja, liberdade para querer obedecer ou desobedecer a ele. Esse é um mistério profundo. A desobediência do homem trouxe o mal para o mundo. E todas nós estamos sujeitas ao mal. Deus não anula seus efeitos, nem mesmo na vida de seus melhores servos (por exemplo, João Batista, Estêvão e aquelas vítimas desconhecidas em Hebreus 11.35-37).

No entanto, nós temos as promessas. Romanos 8.35-39 é uma das passagens que mais costumo reler. Creio que podemos descansar seguras de que somos invulneráveis se Deus não der permissão para que o mal nos atinja. Se ele der essa permissão, não nos deixará sozinhas. Deus nos acompanha através do vale, das águas profundas, da fornalha. Ele nunca, absolutamente nunca, nos deixará ou nos abandonará.

16. Não há outro caminho

Para chegarmos a um local chamado Laity Lodge, no Texas, temos de dirigir pelo leito de um rio. A estrada nos leva por uma descida de montanha rochosa e íngreme até um cânion e, dali, para a água. Há uma placa nas margens que diz: "Sim, você tem de dirigir no rio".

Quem decidiu seguir Deus até às últimas consequências chegará a um lugar inesperado e que, talvez, pareça impossível de ser atravessado, como aquele leito de rio. A pessoa pode olhar ao redor, em busca de um caminho alternativo. Mas, se ela quer o que Deus promete a seus fiéis, tem de seguir na direção do perigo. Não há outro caminho.

A Palavra escrita é nossa orientação. Creia nela. Obedeça a ela. Dirija através do rio e chegue a Laity Lodge. Moisés disse a Israel: "te propus a vida e a morte, a bênção e a maldição; escolhe, pois, a vida, para que vivas, tu e a tua descendência, amando o Senhor, teu Deus, dando ouvidos à sua voz e apegando-te a ele; pois disto depende a tua vida" [Dt 30.19-20].

Quando você assume o risco da obediência, encontra rocha sólida sob os pés — e marcas, evidências de que alguém trilhou aquele caminho antes de você. "O Senhor, teu Deus, passará adiante de ti [...] ele será contigo, não te deixará, nem te desamparará; não temas, nem te atemorizes" (Dt 30.19, 20; 31.3, 8). É o velho hino em palavras simples:

> Em Jesus confiar, sua lei observar,
> Oh, que gozo, que benção, que paz!
> Satisfeitos guardar tudo quando ordenar
> Alegria perene nos traz.[2]

---

[2] Estrofe do hino 301, *Crer e observar*, por Daniel B. Towner e John H. Sammis, Cantor Cristão.

17. Confiança sem luar

Algumas de vocês talvez pensem que estão viajando agora por um oceano completamente escuro. Há incerteza por todo lado. Parece não haver sinais para seguir. Talvez se sintam prestes a se inundar pela solidão. Não há alguém com quem possam compartilhar suas necessidades. Amy Carmichael escreveu sobre esse tipo de sentimento quando, servindo como missionária aos 26 anos, teve de deixar o Japão em virtude de sua saúde frágil e viajou para a China, com o fim de se recuperar, mas, depois, compreendeu que Deus estava lhe dizendo que deveria ir para o Ceilão. (Tudo isso aconteceu antes de ela ir para a Índia, onde permaneceu por 53 anos.) Tenho em minha escrivaninha sua carta original, manuscrita, de 25 de agosto de 1894, quando escreveu em viagem para Colombo. "Durante todo o tempo, vamos lembrar, Deus não nos pede que o compreendamos, mas apenas que obedeçamos a ele [...]. Em 28 de julho, um sábado, zarpamos. Tínhamos embarcado na sexta-feira à noite. E, logo que o escaler (um pequeno barco) em que se encontravam os amigos queridos que tinham ido dizer adeus se afastou, e o frio da solidão me fez tremer, estas linhas tão estimadas me ocorreram, como um abraço caloroso de amor: 'Somente o céu é melhor do que andar com Cristo à meia-noite pelos mares sem luar'. Então, não senti mais medo. Louvado seja ele pelos mares sem luar — a melhor oportunidade para provarmos que ele é realmente El Shaddai, 'o Deus que é suficiente'".

Permita-me acrescentar uma palavra de testemunho às de Carmichael e às de milhares de pessoas que aprenderam que Deus é, de fato, suficiente. Ele não é tudo que pediríamos (se houvesse honestidade em nós), mas é exatamente quando não temos o que pediríamos, e somente então, que somos capazes de perceber com bastante clareza a plena suficiência. É quando o mar está sem luar que o Senhor se torna a minha Luz.

18. Não perca sua paz

Seria impossível enfatizar demais a importância que os hinos e cânticos espirituais tiveram em meu crescimento espiritual. Um dos hinos, familiar à maioria de nós, contém o seguinte verso: "Oh! que paz perdemos sempre! Oh! que dor no coração! Só porque não levamos tudo a Deus em oração!" (Joseph Scriven). Não orar é uma das maneiras pelas quais podemos facilmente perder a paz que Deus quer que tenhamos. Tenho pensado em outras maneiras. Eis algumas:

1. Ressentir-se dos caminhos de Deus.
2. Preocupar-se tanto quanto possível.
3. Orar somente sobre as coisas que você não consegue administrar sozinha.
4. Recusar-se a aceitar o que Deus dá.
5. Buscar paz em outras fontes além dele.
6. Tentar governar a própria vida.
7. Duvidar da Palavra de Deus.
8. Carregar todas as suas preocupações.

Se você preferiria não ter perdido a paz, aqui estão oito maneiras de encontrá-la (antídotos para as oito referidas acima):

1. "Grande paz têm os que amam a tua lei; para eles não há tropeço" (Sl 119.165). "Circunstâncias são a expressão da vontade de Deus", escreveu o bispo Handley Moule.

2. "Não fiquem preocupados com coisa alguma" (Fp 4.6, NAA).
3. "Em tudo, porém, sejam conhecidas, diante de Deus, as vossas petições, pela oração e pela súplica, com ações de graças. E a paz de Deus [...] guardará o vosso coração e a vossa mente em Cristo Jesus" (Fp 4.6, 7).
4. "Tomai sobre vós o meu jugo e aprendei de mim [...] e achareis descanso para a vossa alma" (Mt 11.29).
5. "Deixo-vos a paz, a minha paz vos dou; não vo-la dou como a dá o mundo" (Jo 14.27).
6. "Seja a paz de Cristo o árbitro em vosso coração" (Cl 3.15).
7. "E o Deus da esperança vos encha de todo o gozo e paz no vosso crer" (Rm 15.13).
8. "Lançando sobre ele toda a vossa ansiedade, porque ele tem cuidado de vós" (1Pe 5.7).

Ó Senhor, meu Deus, concede que eu nunca te abandone no sucesso ou no fracasso; que eu não seja orgulhoso na prosperidade, nem deprimido na adversidade. Concede que me regozije apenas no que me une a ti e me entristeça somente naquilo que nos separa. Que eu me esforce para não agradar a ninguém, nem temer desagradar a ninguém, exceto a ti mesmo. Que eu busque sempre as coisas eternas e nunca as que são temporais. Que eu possa rejeitar qualquer alegria em que não estás e nunca busque qualquer alegria além de ti! Ó Senhor, que eu possa me deleitar em todo trabalho que faço para ti e me fatigar de qualquer descanso que é separado de ti. Meu Deus, permite que eu direcione o meu coração para ti, e, em meus fracassos, sempre me arrependa, com o propósito de restauração.

Tomás de Aquino

19. Um tesouro minúsculo no céu

Certo mês de dezembro, passei duas semanas em um hotel a uma caminhada de distância da casa de minha filha, Valerie, em Mission Viejo, na Califórnia. Isso me deu a oportunidade de ter tempo de escrever sem interrupção pela manhã e no começo da tarde e, depois, passar o resto do dia com a família dela. Quatro de seus filhos acharam um negócio excelente passar uma noite no hotel comigo (um dos seis é muito novo, e o outro, muito velho). Quanto prazer tive em observar, ouvir e desfrutar a maravilha da personalidade de cada um deles.

Bem cedo, na manhã de 4 de dezembro, quando Jim, de seis anos, e Colleen, de quatro anos, ainda dormiam o sono dos despreocupados e inocentes (quão totalmente relaxadas as crianças podem ser!), eu analisava várias questões com o Senhor. Ao me dar conta de que estava um pouco ansiosa a respeito de algumas questões, abri a Bíblia em Filipenses 4.5-7: "Perto está o Senhor. Não andeis ansiosos de coisa alguma; em tudo, porém, sejam conhecidas, diante de Deus, as vossas petições, pela oração e pela súplica, com ações de graças. E a paz de Deus, que excede todo o entendimento, guardará o vosso coração e a vossa mente em Cristo Jesus". Copiar as palavras em meu diário me ajuda a lhes ser obediente. Por isso, anotei-as. Às sete horas, Valerie telefonou. Será que eu poderia ir para lá tão rápido quanto possível? Ela precisava ir ao médico. Partimos imediatamente.

Mais tarde naquela manhã, quando ela e Walt voltaram para casa, vi que ela chorava. O bebê que ela carregava no ventre (talvez no quarto mês) havia morrido. Dois dias depois, seguindo as agonias do parto induzido (muito pior do que eu imaginara), ela deu à luz uma minúscula menina a quem chamaram Joy. Eu a segurei em minhas mãos — perfeitamente formada, os dedos das mãos e dos pés eram do tamanho de hifens. Não pude deixar de pensar nos milhões de bebês que têm sido propositalmente mortos e lançados fora como "resíduo hospitalar".

A família Shepard se entristeceu. Não havia dúvida de que Joy era um dos cordeirinhos de Deus. As crianças penduraram uma pequenina meia ao lado das meias deles na prateleira da lareira. Agora, eles têm um novo tesouro no céu, conhecido, amado e cuidado pelo Senhor. Um dia eles também a conhecerão. "Onde está o vosso tesouro, aí estará também o vosso coração." Walt e Valerie encontraram paz no único lugar em que ela pode ser achada — na aceitação — e foram grandemente consolados pelas palavras de Filipenses 3.10: "Para o conhecer, e o poder da sua ressurreição, e a comunhão dos seus sofrimentos, conformando-me com ele na sua morte".

Essas seis últimas palavras incorporam, acredito, o que Jesus quis dizer ao falar para seus discípulos que eles têm de tomar a cruz. Outras traduções: "me tornar como ele na sua morte" (NAA), "identificando-me com ele na sua morte" (A21), "sendo feito conforme a sua morte" (ARC). Como ele morreu? Em total rendição de si mesmo à vontade do Pai. Valerie também se sentiu consolada, segundo me disse, pela leitura naquele dia, 5 de dezembro, da seguinte passagem em Joy and Strength[3] [Alegria e força]:

---

3   Mary Wilder Tileston, *Joy and Strength* (Minneapolis: World Wide Publications, 1986).

Independentemente de qual seja teu problema ou tua aflição, sorve cada gota do cálice procedente das mãos do Todo--Poderoso. Ele, com quem "os cabelos todos da cabeça estão contados", conhece cada palpitação de tua sobrancelha, cada respiração ofegante, cada pontada de dor, cada batida de teu pulso febril, cada abatimento do coração dolorido. Recebe, então, cada uma de tuas provações, não somente as principais, mas cada uma delas, procedentes de suas mãos totalmente amorosas. Agradece ao seu amor por todas elas; une cada uma delas ao sofrimento de teu Redentor; roga que ele as santifique para ti. Tu não sabes agora o que ele, por meio delas, operará em ti; mas, dia após dia, também receberás em ti a impressão da semelhança do Filho eternamente bendito, e, embora não o saibas, Deus será glorificado.

E. B. Pusey

20. O que existe lá?

Recentemente, a revista Time noticiou a descoberta do maior objeto já detectado no universo. O objeto estranho é algo que ninguém sabe o que é. O telescópio de Kitt Peak captou dois quasares ("corpos intensamente brilhantes, tão distantes que a luz que emitem viaja por bilhões de anos antes de alcançar a Terra") que pareciam idênticos, uma ocorrência que os astrônomos consideram quase tão provável quanto encontrar duas pessoas com impressões digitais idênticas. Algo chamado de "lente gravitacional" parecia estar curvando a luz (imagine só!) de um único quasar de uma maneira que produzia duas imagens idênticas. Nada surpreendente em relação a isso — Einstein já previra isso há mais de setenta anos, e Arthur Eddington o confirmou poucos anos depois.

A grande pergunta é exatamente o que está agindo como lente gravitacional. O que quer que seja precisa ter a massa de 1.000 galáxias. Se é um buraco negro, é "pelo menos mil vezes tão grande quanto a Via Láctea (que é formada de centenas de bilhões de estrelas, incluindo o sol)". Assimilou isso? Fiquei confusa diante da afirmação "astrofísicos acham difícil explicar como um buraco negro tão enorme poderia ter-se formado". Penso que acham difícil mesmo. Estão considerando uma terceira possibilidade, muito misteriosa para eu investigar, mas é algo relacionado com a teoria do Big Bang da origem do universo.

Para mim, um dos fatos mais embrutecedores dessa história é que as pessoas se voltam para essas elaborações tão complexas com o fim de evitar mencionar uma possibilidade anterior e fundamental que (certamente?) está bem diante de seus olhos: a criação.

Quanta fé é necessária para alguém crer em Deus? Menos, arrisco dizer — muito menos — do que crer que o Não Consciente gerou o Consciente; que a Não Inteligência criou a Inteligência; que o Nada deu origem a Algo.

O que sabemos a respeito de Deus, nós vemos em seu Filho. Aquele em quem devemos confiar é amor, amor criador, que pensou em nós, suponho, antes de pensar em lente gravitacional, que deu a si mesmo em amor sacrificial muito antes de nos dar o fôlego de vida — pois o Cordeiro foi morto antes da fundação do mundo.

Meu Senhor e meu Deus. Perdoa minha falta de fé.

21. O amor sacrificial conduz à alegria

A Páscoa, o mais jubiloso de todos os dias de celebração cristã, ocorre logo depois do dia mais triste que lembramos. A alegria da Páscoa procede da Cruz. Sem Cristo derramar sua alma na morte, não teria havido ressurreição. Não podemos conhecer Cristo e o poder de sua ressurreição sem entrarmos igualmente na comunhão de seus sofrimentos.

Por muitos anos, tenho penduradas na parede de meu escritório estas linhas escritas por um tal de Ugo Bassi: "Meça a sua vida pela perda, e não pelo ganho [...] A força do amor está no sacrifício de amor". Essas linhas resumem o ensino central do Senhor Jesus — a vida surge da morte (ver Jo 12.24; 15.2; Mt 16.24, 25 e outros versículos) — e dialogam com a antiga pergunta "Por que, Senhor?". Eu não tinha a menor ideia de quem era Ugo Bassi, e não havia ninguém em meu convívio que lesse obras antigas. Pouco tempo atrás, minha tia Anne me entregou uma pilha enorme de papéis da família entre os quais achei, para meu deleite, um livreto fino e meio rasgado com o título *Sermon in the Hospital* [Sermão no hospital], escrito por Ugo Bassi. Nascido em 1800, de pai italiano e mãe grega, ele começou seu noviciado na Ordem de São Barnabé aos 18 anos de idade. Aos domingos, ele assumia a pregação em um hospital de Roma. Harriet E. H. King ouviu um desses sermões e o colocou em versos. Gostaria de poder transmitir-lhe todo o sermão.

Bassi escolheu o capítulo da videira, em João 15, como seu texto, mostrando que a vida da videira "não é de prazer nem de tranquilidade". Pouco antes de a flor desaparecer, o fruto começa a brotar, mas, em vez de lhe ser permitido crescer onde quer, a videira é amarrada imediatamente a uma estaca, forçada a extrair da encosta árdua sua nutrição. Quando "os lindos brotos começam a serpear e a tremular no ar azul e a sentir quão agradável isso é", lá vem o agricultor com ganchos e tesouras e "despoja-a de todo o seu orgulho inocente [...] e corta profundo e certo, impiedoso para com a ternura e a alegria da videira".

[Eu havia escrito essas palavras quando meu telefone tocou. Uma mulher desconhecida me telefonava para perguntar o que fazer por sua amiga Sherril, de 33 anos, mãe de oito filhos, com idades que variavam entre dez anos e seis semanas, cujo marido, Bill, morrera de ataque cardíaco na última sexta-feira. E assim, quase sempre, quando estou escrevendo ou preparando palestras, algo acontece que me sacode com a seguinte questão: você realmente crê no que está dizendo? Suponha que você estivesse no lugar de tal pessoa. É realmente verdade? Isso se aplica ao caso dela? Ó Senhor, sim. Tu és meu Pai, bem como o Pai de Sherrill. Tu és também o Agricultor com as tesouras.]

Bassi continua e descreve a safra de ano bom, quando a videira se curva até embaixo com o peso das uvas, "resultado do intenso esforço de seu coração". Mas, infelizmente, as mãos estão prontas para colher os tesouros das uvas. Os pés estão lá para as pisarem no lagar, "até que os rios cor de sangue do vinho fluam, e a terra se encha de alegria. Mas a videira fica destituída e desolada, havendo dado tudo, e agora é chegado seu próprio tempo de trevas, e ninguém lhe retribui o consolo e a glória de suas dádivas". O inverno chega, e a videira é cortada de novo até o próprio caule (eu ainda não sabia, como João, Jesus e Bassi sabiam, quão terrivelmente drástico é o processo de poda), "despojada, desfigurada, sem qualquer folha, sozinha durante todos os dias de trevas que virão".

Enquanto a videira passa por essa morte, o vinho que ela produz alegra o coração dos homens. Você, à semelhança da videira, já deu felicidade a outras pessoas e, apesar disso, viu a si mesma aparentemente abandonada? Isso a deixou amargurada? Precisamos do paradigma da videira, que não fica "amargurada pelo tormento por que passa, nem estéril pela abundância produzida... A videira sangra vinho de todo galho vivente; é a coitada em favor desse espírito sangrada?" (E nesse contexto seguem as linhas que tenho anotadas em minha parede):

> Meça a sua vida pela perda, e não pelo ganho
> Não pelo vinho bebido, mas pelo vinho jorrado;
> Porque a força do amor está no sacrifício de amor,
> E os que sofrem mais têm mais a dar.

Imagine o jovem monge, de pé no ponto em que convergiam cinco longas enfermarias cheias de pessoas que sofriam. Até mesmo os que não podiam vê-lo sentiam sua presença quando ele olhava para as fileiras de leitos. Ouça "a doce voz que pregou delicadamente este sermão para eles".

Acho que você entenderá por que as linhas seguintes falam especialmente comigo — alguém que tem experimentado muito pouco da dor física:

> Eu, no meio daqueles que sofrem tanto,
> — que obrigatoriamente compartilho da dor diária

Que cada um de vocês, amados, tem de suportar,
Devo também buscar algum conforto e alguma força
De esperança para viver e pela qual sofrer —
E isso Deus me deu, amados, para o bem de vocês,
A quem com prazer transmitirei. Tenham paciência comigo,
Enquanto procuro falar a cada um de vocês — todos
Vocês que sofrem — e vejo ao meu redor
Apenas sofredores, aos quais, com reverência,
Essas minhas palavras, essas minhas esperanças são devidas.

Quando escrevi meu livro A Path through Suffering [Um caminho através do sofrimento], ainda não havia encontrado esse sermão, mas essas palavras teriam sido uma abertura apropriada.

Por que parece que não ouvimos a voz de Deus, exceto quando estamos em dificuldade? Algumas vezes, Deus fala conosco, diz Bassi, por meio do suave ar de verão, mas não o sentimos como obra de Deus — apenas como vento. Deus fala conosco "quando amigos se reúnem alegremente e tudo é felicidade, mas vemos apenas nossos amigos. Quando o canto de um pássaro nos leva a uma admiração repentina, ouvimos a voz de Deus ou apenas a voz do pássaro? Mas, quando a agulha fere nossa carne, e nosso coração é traspassado, mas não o de outra pessoa", conhecemos o que ninguém mais em todo o universo pode sentir ou conhecer — os "nervos ocultos e torturados", a "dor incomunicável".

Deus fala conosco, como as mães falam
Com seus próprios bebês, na carne delicada
Com toques afetuosos, familiares, íntimos e queridos —
Porque *ele não pode escolher um modo mais suave*

De nos fazer sentir que ele mesmo está perto
E que, individualmente, somos seus filhos conhecidos e amados (ênfase minha).

Alguém que leu essas palavras não consegue dormir bem? Bassi escreve: "Ele dá a seus anjos o cuidado dos que dormem, mas ele mesmo vigia com aqueles que despertam". Bassi nos lembra de que o Filho de Deus foi "aperfeiçoado por meio de sofrimento, o selo de nossa salvação colocado na frente de sua humanidade". Ele era o Homem de Dores, "e a cruz de Cristo é, para nós, mais importante do que seus milagres".

Mas, se impaciente, deixas escorregar tua cruz,
Tu não a acharás neste mundo novamente,
Nem em qualquer outro; aqui, somente aqui,
É dado a ti sofrer por causa de Deus.
Em outros mundos, mais perfeitamente
Nós serviremos a ele, o amaremos, o louvaremos e trabalharemos para ele;
E estaremos cada vez mais perto dele, com todo o deleite;
Mas, naquele tempo, não seremos mais chamados
A sofrer, o que é o nosso compromisso aqui.
Não podes tu, então, sofrer uma hora ou duas?

O poema termina com linhas para aqueles que não conseguem sentir a presença de Deus nem ver sua face. Essas trevas são uma última provação.

Cristo foi abandonado, então também tens de ser.

Tu não verás a face, nem sentirás a mão.
Apenas o cruel esmagar dos pés,
Quando em noite amarga o Senhor descer
Para pisar o lagar — não por vista, mas por fé,
Suporta, suporta — sê fiel até o fim!

A palavra de Jesus "permanecer" (nele, em seu amor), repetida dez vezes em João 15, significa estar em casa com ele, viver constantemente em sua presença e em harmonia com sua vontade. Não significa, de maneira alguma, sofrimento incessante (a videira não é cortada de novo a cada dia!). No que diz respeito a todas nós que, no momento, não estamos em sofrimento, não podemos deixar escorregar qualquer cruz que Jesus nos apresente, qualquer pequena maneira de renunciarmos a nós mesmas; qualquer tarefa simples, devemos fazer com alegria e humildade; qualquer desapontamento, deve ser aceito com graça e silêncio. Esses são os desígnios dele. Se os perdermos aqui, não os encontraremos de novo neste mundo ou em qualquer outro.

22. A encarnação é um fato maravilhoso demais

Algumas coisas são simplesmente maravilhosas demais para ser explicadas — o sistema de navegação aérea da andorinha do Ártico, por exemplo. Como ela encontra seu caminho pelos 19 mil quilômetros desde seu local de nidificação, no Ártico, até seu território de inverno, na Antártida? Os ornitólogos têm realizado todos os tipos de testes sem achar a resposta. Instinto é a melhor resposta que podem oferecer — nenhuma explicação real, apenas uma maneira de dizer que eles não têm, de fato, ideia alguma. Certa vez, um albatroz de Laysan foi libertado a 5.150 km distante de seu ninho, nas Ilhas Midway. E, em dez dias, retornou ao lar.

A migração das aves é algo maravilhoso demais.

Quando o anjo Gabriel disse a Maria: "Eis que conceberás e darás à luz um filho", ela fez uma pergunta simples a respeito de eventos naturais: "Como será isto, pois não tenho relação com homem algum?".

A resposta nada tinha a ver com eventos naturais, mas, sim, com algo ainda mais misterioso do que a navegação aérea das andorinhas — de fato, algo totalmente sobrenatural: "Descerá sobre ti o Espírito Santo, e o poder do Altíssimo te envolverá" (Lc 1.35). Isso era maravilhoso demais, e Maria ficou em silêncio. Ela não tinha nenhuma questão acerca do sobrenatural. Ficou satisfeita com a resposta de Deus.

A verdade sobre a encarnação é algo tremendamente maravilhoso para nós. Quem é capaz de sondar o que realmente aconteceu inicialmente no ventre de Maria, em Nazaré, e depois no estábulo, em Belém?

No final do livro de Jó, em vez de responder às perguntas dele, Deus lhe revela o mistério de quem ele, Deus, é. Então, Jó despreza a si mesmo: "Na verdade, falei do que não entendia; coisas maravilhosas demais para mim, coisas que eu não conhecia" (Jó 42.3).

Em um dos "Cânticos de Ascensão" de Davi, ele escreveu: "Senhor, não é soberbo o meu coração, nem altivo o meu olhar; não ando à procura de grandes coisas, nem de coisas maravilhosas demais para mim. Pelo contrário, fiz calar e sossegar a minha alma; como a criança desmamada se aquieta nos braços de sua mãe, como essa criança é a minha alma para comigo" (Sl 131:1-2). Uma investigação minuciosa e irritadiça de como as coisas espirituais "funcionam" é um exercício de futilidade. Até mesmo questionar de que forma as coisas "naturais" funcionarão se você incluir Deus nelas — por exemplo, como Deus responderá a uma oração por dinheiro ou como seu genro encontrará uma casa para acomodar oito pessoas no sul da Califórnia (com o salário de pastor) — é, às vezes, um terrível desperdício de energia. Deus sabe como. Por que devo inquietar minha mente com isso se já entreguei o assunto a ele? Se a Palavra do Senhor para nós é que somos "predestinados segundo o propósito daquele que faz todas as coisas conforme o conselho da sua vontade" (Ef 1.11), podemos apreender esse fato somente pela fé. Por crermos que Deus tenciona dizer realmente o que diz, e por agirmos de acordo com sua Palavra (a fé sempre exige ação), apreendemos isso — e nos apropriamos disso, tornando-o nosso.

Não podemos torná-lo nosso pela razão — "Não vejo como tal incidente talvez tenha algo a ver com qualquer plano divino".

Por que deveríamos ver como ele o fará? Não é suficiente que ele nos diga que o fará? Não precisamos ver. Precisamos apenas crer e seguir adiante com base na garantia do fato.

A aceitação de Maria da resposta do anjo à sua pergunta inocente foi imediata, embora ela não pudesse imaginar as complexidades e os mistérios da realização do anúncio em seu corpo jovem e virgem. Ela se rendeu inteiramente a Deus, em confiança e obediência.

Você entende o que está acontecendo na esfera invisível de sua vida com Deus? Vê como a realidade invisível se relaciona com o plano e o propósito ocultos? Provavelmente não. Como meu segundo marido, Addison Leitch, costumava dizer: "Você não pode perscrutar o Inescrutável". Mas você vê pelo menos uma coisa, talvez uma coisa pequenina, que ele quer que você faça. "Porque este mandamento que, hoje, te ordeno não é demasiado difícil, nem está longe de ti. Não está nos céus [...] Nem está além do mar [...] Esta palavra está mui perto de ti, na tua boca e no teu coração, para a cumprires" (Dt 30.11-14).

Que seja suficiente para você, como foi para Maria, saber que Deus sabe! Se é tempo de trabalhar, então continue trabalhando. Se é tempo de ir para a cama, vá dormir em paz. Deixe a preocupação com o Senhor do universo.

23. A supremacia de Cristo

Em outubro passado, recebi uma cópia da tradução do Novo Testamento Auca (agora conhecido como Huaorani). Desde os meus dias, a ortografia foi alterada de forma significativa, por isso não posso ler muito desse Novo Testamento agora, mas, ao percorrer suas páginas, pensei longe, tive pensamentos distantes. Não participei da tradução. Estive com o povo auca por apenas dois anos, durante os quais Rachel e eu trabalhamos na transposição da linguagem para a escrita; entretanto, mal havíamos começado a traduzir algumas poucas histórias bíblicas quando minha filha, Valerie, e eu retornamos para a obra quíchua.

Às vezes, pedem-me que palestre para jovens que estão considerando a ideia de atuar como missionários. Eles querem saber como descobri a vontade de Deus. A primeira coisa que tive de estabelecer, de uma vez por todas, foi a supremacia de Cristo em minha vida, digo a eles. Coloquei-me de forma plena e para sempre à disposição dele. E isso significa entregar todos os direitos: de mim mesma, de meu corpo, de minha autoimagem, de minhas noções a respeito de como devo servir a meu Senhor. Oswald Chambers chama isso de "quebrar a casca de minha independência de Deus". Até que essa quebra chegue, todo o resto é "fraude piedosa". Digo a esses jovens sinceros que a vontade de Deus é sempre diferente do que eles esperam, sempre maior e, em última análise, infinitamente mais gloriosa do que suas imaginações mais arrojadas.

No entanto, haverá mortes a experimentarmos. Paulo descobriu isso — diariamente, segundo ele. Esse é o preço de seguir o caminho da cruz — sem dúvida. Se nosso objetivo é salvar outras pessoas, precisamos estar bem cientes de que não podemos salvar a nós mesmos. Jesus agiu assim.

Isso assusta as pessoas. Mas o que devemos temer se Cristo sustenta nossas vidas? Onde, senão na vontade do Pai, esperamos encontrar significado, segurança e serenidade?

Para mim, a orientação de Deus foi bem diferente de minhas primeiras ideias: eu seria uma missionária na selva pelo resto da vida! A futilidade completa, humanamente falando, de todo o trabalho com línguas que fiz (Colorado, Quéchua e Auca, por várias razões, resultaram em nada) foi uma profunda lição sobre a supremacia de Cristo. Quem eu me dispusera a servir? Acaso, então, ele não pode fazer como quer, com seu servo e com a obra desse servo? Alguma coisa oferecida a Cristo é desperdício? Pensei nos sacrifícios dos tempos do Antigo Testamento. Quando um homem levava um cordeiro, o sacerdote colocava-o no altar, cortava sua garganta e o queimava. A oferta era aceita. Mas o que sobrava dele? Amy Carmichael, missionária irlandesa que serviu na Índia e autora de quarenta livros, ensinou-me as implicações de um sacrifício vivo. Ela escreveu:

> Mas essas cinzas estranhas, Senhor, esse nada,
> Esse desconcertante senso de perda?
> Filho, a angústia de minha nudez foi menor
> Sobre a cruz em que sofri tortura?
> Não fui levado ao pó da morte?
> Um verme, e não um homem, eu;
> Sim, feito cinzas pelo sopro veemente
> Do fogo, no Calvário?

> Filho amado, isto é o desejo de teu coração:
> Isto e nenhuma outra coisa
> Segue a queda do Fogo Consumidor
> Sobre a oferta de holocausto.
> Segue e goza a alegria elevada, distante —
> Nenhuma alegria é como essa, para ti;
> Vê como ela ilumina o caminho como uma estrela enorme.
> Vem agora e segue-me

Quero ser bem franca aqui e dizer que certamente tenho "provado essa alegria". Não posso imaginar uma vida mais maravilhosa do que a minha. Fidelidade de um Pai amoroso — isso foi o que achei, a cada dia, a cada semana, a cada ano — e que está cada vez melhor. Como realmente espero que esses futuros missionários creiam em minhas palavras!

24. Senhor de todas as ocasiões

Há alguns anos, palestrei para um grupo de mulheres, na Flórida, sobre Jesus Cristo ser o "Senhor de todas as ocasiões". O tópico foi escolha delas, e eu me vi, como sempre, testada nos próprios assuntos sobre os quais falaria. Na semana anterior, Lars e eu soubéramos que todas as vinte e oito novas e excelentes (e caríssimas) janelas que havíamos instalado em nossa casa nova estavam apresentando infiltração. Eu estava ansiosa a respeito de muitos assuntos — a saúde de mamãe, a chegada de meu neto, um novo processador de palavras que eu não sabia se seria capaz de aprender a usar e (infelizmente) um dente que parecia estar prestes a cair. Que lista variada de assuntos com que eu tinha de me preocupar!

Mas Jesus morreu por mim! Ele ressuscitou e virá outra vez! Ele me deu uma herança que nada pode destruir, deteriorar ou espoliar (1Pe 1.4) e um reino que é inabalável (Hb 12.28). Isso é o evangelho. Tem algo a ver com janelas que apresentam infiltrações, computadores, netos, dentes? Bem, eu disse a mim mesma, se não tem, você não deve postar-se diante daquelas mulheres e abrir a boca, de modo algum. Se não posso dar graças ao Senhor, confiar nele e adorá-lo em cada "fase", em face de qualquer conjunto de fatos que possam atingir minha vida, não sou realmente crente. É aqui, no meu canto da terra de Deus, que me são outorgadas as lições na Escola da Fé.

Obs.: Posteriormente, as janelas foram consertadas. Mas, na ocasião, descobrimos que todas as quatro portas do lado de fora precisavam ser consertadas também. Deus ainda não havia terminado conosco.

25. A contradição suprema

Muito tempo atrás, dois homens caminhavam por uma estrada pedregosa. Travavam um diálogo profundo sobre tudo que havia acontecido. Parecia que nada poderia ter sido pior. E suponho que a estrada parecia mais comprida, mais empoeirada e mais pedregosa do que já fora para eles, embora a tivessem percorrido muitas vezes. Enquanto caminhavam com dificuldade pela estrada, tentando dar sentido ao naufrágio de suas esperanças, um estranho se uniu a eles e quis saber sobre o que conversavam.

"És o único, porventura, que, tendo estado em Jerusalém, ignoras as ocorrências destes últimos dias?", indagou um dos dois cujo nome era Cleopas.

Parecia que o estranho não tinha a menor ideia a respeito do que Cleopas estava falando. Por isso, explicou que houvera um homem da vila de Nazaré, chamado Jesus, que era claramente um profeta, mas fora executado por crucificação poucos dias antes.

"Esperávamos que fosse ele a redimir Israel."

Há muito tempo, Israel vivenciava tempos desagradáveis. E aqueles que entendiam os escritos antigos esperavam um libertador e um salvador. Cleopas e seu companheiro haviam depositado suas esperanças nesse nazareno — certamente ele era aquele que Deus enviara, um profeta "poderoso em obras e palavras" (Lc 24.19). Mas essas esperanças haviam sido completamente destruídas. Ele fora morto, e nem mesmo seu corpo fora encontrado. Para quem se voltariam então?

A história prossegue e nos conta que o estranho lhes explicou que não haviam entendido realmente o que os profetas escreveram, e que essa morte, que tanto abalara a fé deles, era inevitável, se o Messias tinha de entrar "na sua glória".

Mas que frase estranha — entrar "na sua glória". O que isso poderia significar? Posso imaginar os dois entreolhando-se, perplexos. Aquela morte vergonhosa — para entrar "na sua glória"?

Quando chegaram ao seu destino, o estranho estava prestes a seguir adiante, mas eles o persuadiram a ficar com eles. Quando se sentaram para comer, ele pegou o pão, deu graças e o partiu, dando-o a eles. Repentinamente, eles o reconheceram. Jesus! Os dois que estavam sentados com ele não tinham sido pessimistas. De fato, eles tinham esperança. Mas quão frágil era sua esperança! Em seu melhor otimismo, não puderam nem mesmo sonhar com a glória que agora viam. Uma ressurreição, a contradição suprema para todas as infelicidades do mundo, havia acontecido. Eles viram Jesus com os próprios olhos. Como suas palavras soavam agora, ao pensarem no que haviam dito: "Esperávamos...?". Não puderam negar que tais esperanças haviam morrido. Mas que sonhador insano poderia imaginar a possibilidade de se tornar um evento real ali mesmo, à mesa de jantar? Seu salvador retornara. Andara com eles. Estava na casa deles. Estava comendo o próprio pão que eles providenciaram.

Se a ressurreição é um fato — e, se não fosse, não haveria celebração de Páscoa —, não há situação tão desesperançosa, horizonte tão sombrio, em que Deus não possa ali entrar "na sua glória". A verdade é que, sem essas esperanças frustradas, sem essa morte, sem o sofrimento que Jesus chamou de inevitável, a própria glória seria impossível. Ora, o universo está disposto de modo que devemos confiar naquele que o dispôs. Mas nós temos de crer que isso é realmente assim.

Quando nos vemos grandemente desesperançadas, e o caminho é muito árduo, também podemos descobrir que é nessas circunstâncias que o Cristo ressurreto nos alcança no caminho, o que é melhor do que nossos sonhos e está acima de todas as nossas esperanças. Porque é ele — não seus dons, nem seu poder, nem o que ele pode fazer por nós, mas ele mesmo — que vem e se revela a nós. E essa é a única alegria pura para aqueles que se entristecem.

Apesar disso... apesar disso, nos entristecemos. O glorioso fato da ressurreição é o âmago de nossa fé. Cremos na ressurreição. Depositamos nela todas as nossas esperanças. Apesar disso, sentimos tristeza. Ainda está ordenado ao homem morrer uma única vez, e aqueles que ficam têm de se entristecer — não como os que não têm esperança, porque os amados serão ressuscitados. A "contradição suprema", porém, parece bem remota, no futuro. Não há incoerência nas lágrimas humanas e na alegria pura da presença de Cristo, porque ele também verteu lágrimas humanas.

Recentemente, quando soubemos de amigos queridos que haviam perdido seu bebê, escrevi o seguinte para eles (que me pediram para reproduzir aqui, em benefício de outros enlutados):

> O pequeno bilhete de vocês esperava por nós quando chegamos ontem do Canadá. Nosso coração se dilatou rapidamente até vocês, e choramos com vocês, desejando que fosse possível ver o rosto de vocês e comunicar-lhes nossas condolências. Mas não foi uma "coisa extraordinária" que lhes aconteceu, como Pedro disse em sua epístola (1Pe 4.12) — isso lhes dá uma participação no sofrimento de Cristo. Para mim, esse é

um dos mais profundos, porém mais reconfortantes, de todos os mistérios de sofrimento. Não somente ele entra em tristeza, com o mais pleno entendimento, sofre conosco e por nós, como também, nas profundezas da tristeza, permite-nos, em sua misericórdia, entrar nos seus sofrimentos; dá-nos uma participação e nos permite o privilégio de "preencher" o que resta (Cl 1.24) em seu próprio sofrimento. Em outras palavras, ele produz algo redentor a partir de nossos corações contritos, se esses corações são oferecidos a ele. Somos ensinados que ele nunca despreza um coração contrito. É um sacrifício agradável quando oferecido totalmente a ele para sua glorificação. Oh! Há muito a aprendermos aqui, mas não o aprenderemos em um dia ou em uma semana. Nível após nível tem de ser aprumado à medida que vamos caminhando com o Pastor. E ele fará em nós sua obra purificadora, expurgadora, forjadora, moldadora, para que sejamos moldados à imagem do próprio Cristo. Essa obra moldadora exige um martelo, um formão e uma lima — ferramentas dolorosas, um processo doloroso.

A pequenina e querida Laura de vocês está nos braços do Senhor. Ela nunca terá de sofrer. Conhecia somente o céu do ventre (o lugar mais seguro em todo o mundo — excluindo a prática do aborto), mas agora conhece o céu perfeito da presença de Deus. Tenho certeza de que as orações de vocês em favor de ambos os filhos foram que Deus cumprisse seu propósito neles. Isso é o que há de mais elevado e sublime a pedirmos em favor de nossos filhos. Ele já respondeu a essa oração no que diz respeito a Laura.

Vocês conhecem as Cartas de Samuel Rutherford (1600-1661)? Ele escreveu magnificamente para mães que haviam perdido seus filhos. Eis uma delas:

A graça não elimina as afeições de uma mãe, mas, em vez disso, coloca-as no controle daquele que faz novas todas as coisas, para que sejam refinadas. Portanto, a tristeza por um filho morto é permitida a vocês, ainda que em certa medida. Os redimidos do Senhor não têm domínio ou senhorio sobre sua tristeza e outras afeições, para esbanjarem os bens de Cristo a seu bel-prazer [...]. Ele os ordena a chorar; e aquele que é esplêndido levou consigo para o céu um coração humano, para ser um Sumo Sacerdote compassivo. O cálice que vocês bebem esteve nos lábios do amoroso Jesus, e ele o bebeu [...]. Vocês não devem pensar que a morte de sua filha amada é uma troca injusta — ela tem agora ouro em lugar de cobre e latão, eternidade em lugar de tempo. Toda a dificuldade deve ser que ela morreu muito cedo, muito jovem, na alvorada de sua vida; mas a soberania tem de silenciar nossos pensamentos. Eu vivi essa condição: tinha apenas dois filhos, e ambos morreram depois que vim para este lugar. O supremo e absoluto Formador de todas as coisas não nos dá uma explicação de qualquer de seus atos. O bom Cultivador pode colher suas rosas e juntar seus lírios no auge do verão, e, por obrigação, ouso dizer, no início do primeiro mês de verão. Ele pode transplantar árvores jovens da terra mais baixa para a mais elevada, onde podem ter mais do sol e um ar mais livre, em qualquer época do ano. Os bens lhe pertencem. O Criador do tempo e dos ventos causou um dano misericordioso (se posso tomar por empréstimo a expressão) à natureza ao transferir o passageiro tão cedo.

Jesus aprendeu obediência pelo que sofreu, não pelo que desfrutou. A fim de adequá-los para seus propósitos tanto aqui como na eternidade, ele lhes conferiu essa tristeza. Mas ele carrega a extremidade mais pesada da cruz colocada sobre vocês! Estejam certos de que Lars e eu estamos orando por vocês, queridos amigos!

Seção dois
O CURRÍCULO DE DEUS

Ó Senhor, nosso Governador, rogamos a ti, por tua misericórdia,
Que possamos ter a visão celestial,
E contemplar as coisas da forma como parecem para ti;
Que a agitação deste mundo seja vista por nós
Como que trazendo a doce paz dos anos eternos,
E que, em todas as aflições e tristezas ou em nosso próprio coração,
Possamos contemplar o bem e, assim, com mente quieta
E paz interior, indiferentes à tempestade exterior,
Possamos cumprir o dever da vida que nos traz
Um coração tranquilo, que confia sempre em ti.
Damos-te graças por toda a tua misericórdia.
Rogamos teu perdão de todos os nossos pecados.
Pedimos tua direção em todas as coisas,
Tua presença na hora da morte,
Tua glória na vida por vir.
De tua misericórdia, ouve-nos,
Por meio de Jesus Cristo, nosso Senhor.
Amém.

George Dawson (1821-1876)

26. O currículo de Deus

Certo dia, recentemente, algo acendeu o ímpeto de ira numa pessoa que, na ocasião, me feriu com palavras duras. Tenho certeza de que não merecia ouvir aquela resposta, mas, quando fui até Deus para tratar o assunto, ele me lembrou de parte de uma oração que eu estivera usando naqueles dias: "Ensina-me a tratar tudo que me sobrevém com paz de alma e com a firme convicção de que a tua vontade governa tudo".

De onde poderia vir esse tipo de paz? Somente de Deus, que dá "não [...] como a dá o mundo".

Sua vontade é que eu seja ferida? Aqui devemos andar com cuidado. Sua vontade governa tudo. Em um mundo cheio de erros, sofremos (e causamos) muitos erros. Nessas ocasiões, Deus está presente para curar, confortar e perdoar. Aquele que concedeu bênçãos para muitos a partir do pecado dos irmãos ciumentos de José tenciona que essa ferida seja para meu bem supremo e, creio, também para aumentar o amor entre mim e aquele que me feriu. O amor é muito paciente, muito bondoso. O amor nunca busca os próprios interesses. O amor busca Deus para obter sua graça no socorro.

"Não fostes vós que me enviastes para cá, e sim Deus", disse José a seus irmãos. "Vós, na verdade, intentastes o mal contra mim; porém Deus o tornou em bem, para fazer, como vedes agora" (Gn 45.8; 50.20).

Há uma filosofia de educação secular que afirma que se deve permitir ao aluno que forme seu próprio currículo, de acordo com suas preferências. Poucos alunos têm uma base forte para fazer essas escolhas, pois desconhecem quão pouco sabem. As ideias do que precisam aprender são não apenas limitadas, como também grandemente distorcidas. Eles precisam realmente é de ajuda — daqueles que sabem mais do que eles.

De forma misericordiosa, Deus não nos permite escolher nosso próprio currículo. Sua sabedoria é perfeita, seu conhecimento abrange não apenas todos os mundos, mas também o coração e a mente de cada um de seus filhos amados. Com um entendimento íntimo de nossas mais profundas necessidades e capacidades individuais, Deus escolhe nosso currículo. Quanto a nós, cabe-nos apenas orar: "Dá-nos o pão nosso de cada dia, nossas lições diárias, nosso dever de casa". Uma contestação irada de alguém pode ser apenas a ocasião necessária para, por meio dela, aprendermos não somente longanimidade e perdão, mas também mansidão e gentileza, frutos não nascidos em nós mesmos, mas produzidos somente pelo Espírito. Como Amy Carmichael escreveu em seu livro If4 [Se]: "Um cálice transbordante de doçura não derramará nem uma gota de água amarga, não importando quão repentinamente seja balançado".

O currículo de Deus para todos que querem sinceramente conhecê-lo e fazer sua vontade sempre incluirá lições que desejaríamos pular. Porém, quanto mais nos aplicamos, mais honestamente podemos dizer como o salmista: "o teu servo considerou nos teus decretos. Com efeito, os teus testemunhos são o meu prazer, são os meus conselheiros [...]. Percorrerei o caminho dos teus mandamentos, quando me alegrares o coração" (Sl 119.23, 24, 32).

---

4 Amy Carmichael, *If* (Fort Washington, Pensylvania: CLC, 1966).

27. Pequenas coisas

Enquanto crescíamos, nossos pais nos ensinaram, tanto por palavra como por exemplo, a prestar atenção às pequenas coisas. Se você fizer algo, faça-o cuidadosamente: arrume os lençóis realmente lisos na cama; varra todos os cantos e mova todas as cadeiras quando for limpar a cozinha; enrole o tubo de creme dental ordeiramente e coloque a tampa de volta; remova os cabelos da escova sempre que usá-la; pendure bem sua toalha no suporte; enrole seu guardanapo e coloque-o na argola prateada antes de sair da mesa; nunca umedeça o dedo ao passar as páginas. E eles cumpriam as promessas que faziam a nós tão fielmente quanto cumpriam as promessas feitas aos adultos. E nos ensinaram a fazer o mesmo. Você não aceitava um convite para uma festa e, depois, não aparecia lá; nem concordava em ajudar na Escola Bíblica de Férias e desistia por causa de uma atividade mais interessante que lhe era apresentada. O único débito financeiro em que meus pais incorreram foi a hipoteca de uma casa, que papai explicou estar numa categoria especial, porque era um imóvel que sempre teria valor.

Quando fui para o internato, os mesmos princípios que eu havia aprendido em casa eram enfatizados ali. Havia um corredor com pequenos tapetes orientais que chamávamos de "Corredor do Caráter", porque a diretora, sra. DuBose, podia olhar para aquele corredor a partir da poltrona em que estava sentada e identificar qualquer aluno que chutasse o canto de um tapete e não o arrumasse de volta. Então, ela falaria em voz alta para corrigi-lo: "As pequeninas coisas em sua vida é que derrubarão você quando você sair desta escola". Nas pequenas coisas, nosso caráter é revelado. Nossa reação nos forma ou nos destrói. "Não saia por aí com uma Bíblia debaixo do braço se você não varreu debaixo da cama", dizia ela, porque não teria nenhuma conversa piedosa com quem estivesse em um quarto bagunçado.

"Grandes pensamentos combinam melhor com deveres comuns. Portanto, não importa qual seja seu ofício, considere-o um fragmento em um imensurável ministério de amor" (bispo Brooke Foss Westcott, nascido em 1825).

Não é fácil encontrar crianças ou adultos confiáveis, diligentes, íntegros e fiéis. Muitas vidas parecem atravessadas por pequenas falhas, negligentes das pequenas coisas que fazem diferença entre a ordem e o caos. Talvez isso seja assim porque eles não aprenderam que as coisas visíveis são sinais de uma realidade invisível; que os deveres comuns podem ser "um imensurável ministério de amor". O treinamento espiritual de almas tem de ser inseparável de disciplinas práticas, como Jesus ensinou tão claramente: "Quem é fiel no pouco também é fiel no muito; e quem é injusto no pouco também é injusto no muito. Se, pois, não vos tornastes fiéis na aplicação das riquezas de origem injusta, quem vos confiará a verdadeira riqueza? Se não vos tornastes fiéis na aplicação do alheio, quem vos dará o que é vosso?" (Lc 16.10-12).

28. O que você quer dizer com submissão?

As pessoas sempre me fazem essa pergunta. O que é esse negócio de "submissão", sobre o qual você sempre fala? Não nos sentimos muito à vontade com esse assunto. Parece um tanto negativo. Soa como se as mulheres não fossem tão dignas quanto os homens. Acaso as mulheres não devem exercer seus dons? Não podem nem mesmo abrir a boca?

Eu também não me sentiria muito à vontade com esse tipo de submissão. De fato, não me sinto à vontade com nenhum tipo de submissão, mas, visto que a submissão foi ideia de Deus, e não minha, prefiro aceitar o que a Bíblia diz sobre o assunto e parar de rejeitar o assunto apenas porque é tão frequentemente mal compreendido e definido de forma equivocada. Deparei com um exemplo claro do que submissão significa em 1 Crônicas 11.10: "São estes os principais valentes de Davi, que o apoiaram valorosamente no seu reino, com todo o Israel, para o fazerem rei". Aí está. O reconhecimento, antes de tudo, da autoridade dada por Deus. Reconhecendo-a e aceitando-a, eles a apoiaram valorosamente e fizeram todo o possível para fazer de Davi — e não a si mesmos — rei.

Os cristãos — tanto homens como mulheres — reconhecem, em primeiro lugar, a autoridade de Cristo. Eles oram: "Seja feita a tua vontade". Começam a fazer um esforço honesto para cooperar com o que ele está fazendo, corrigindo as falhas em suas próprias vidas de acordo com os desejos dele. Uma mulher cristã, portanto, em submissão a Deus, reconhece a autoridade de seu marido designada por Deus (ele não a conquistou, lembre-se; ele a recebeu por designação). Então, ela começa a dedicar toda a sua força a ajudá-lo a fazer o que deve fazer e ser o que deve ser — seu cabeça. Ela não fica sempre tentando impor sua própria vontade. Antes, procura tornar mais fácil para ele realizar seu trabalho. Busca contribuir para o propósito dele, e não conspira sobre como realizar o seu próprio.

Se isso lhe parece duvidoso, uma opinião tradicionalista antiga ou (pior) uma opinião típica de Elisabeth Elliot, teste-a com o prumo da Escritura. O que significa submissão a Cristo? "Mulheres, sejam submissas ao seu próprio marido, como ao Senhor." Compare e faça a conexão.

29. Para onde seu murmurar vai levar você?

Quando estivemos em Dallas para uma visita, fomos hóspedes de nossa querida amiga Nina Jean Obel. Certa manhã, quando nos sentamos em sua linda cozinha ensolarada, em tom verde-pálido, ela nos lembrou de como, na história de Deuteronômio 1, quando os israelitas estavam a quatorze dias da Terra Prometida, murmuraram. Murmurar foi um hábito que enfureceu Moisés, o líder deles, a ponto de ele desejar morrer. Ele perguntou: "Como eu suportaria, sozinho, vosso peso, vossa carga e vossa contenda?". Eles partiram para Horebe e, quando chegaram ao país montanhoso dos amorreus, recusaram-se a crer nas promessas e insistiram em enviar espias para ver o tipo de terra que possuiriam. Os espias retornaram com um relato excelente, mas o povo também não creu nisso. Não se importaram com o fruto agradável que a terra oferecia. Havia gigantes na terra, e todo o povo seria morto. Havia fortificações enormes, do tipo que se ergue até o céu. Como os conquistariam?

Foi uma atitude neurótica. Nenhuma resposta satisfaria. Nenhuma solução oferecida seria suficientemente boa. As promessas de Deus, a direção de Moisés, o relato dos espias — tudo seria inaceitável. O povo já tinha decidido que não gostava de nada do que Deus estava fazendo. Eles murmuraram. Disseram que o Senhor os odiava. Ele os havia tirado do Egito apenas para destruí-los pelas mãos dos amorreus. Ó Deus, que destino! Ó Deus, por que nos trata dessa maneira? Ó Deus, como sairemos dessa situação? É culpa tua. Tu nos odeias. Moisés nos odeia. Tudo e todos estão contra nós.

Nina Jean disse que havia concluído que, se a murmuração era a razão para o povo de Deus ter negado o privilégio de entrar em Canaã, ela a abandonaria. Estabeleceu para si mesma uma tarefa árdua: nenhuma murmuração — absolutamente nenhuma — por quatorze dias. Foi uma revelação para ela — em primeiro lugar, quão forte o hábito de murmurar se tornara; segundo, quão diferente seria o mundo quando ela não mais murmurasse. Tenho a impressão, quando estou perto de Nina, de que a provação de quatorze dias foi suficiente para resistir ao hábito. Não a ouço mais murmurar.

Não é somente a luz do sol e as cores que tornam sua cozinha um excelente lugar. É o fato de Nina estar lá. Eu gostaria de criar esse tipo de atmosfera para as pessoas ao meu redor. Decidi estabelecer para mim a mesma tarefa.

30. Queixas inúteis ou contentamento

A palavra humdudgeon (traduzida como "queixas inúteis") é nova para mim, e eu gosto do seu som. Significa "uma queixa em voz alta sobre algo insignificante". Você tem ouvido algo assim em sua casa ultimamente? Uma mãe pensou num antídoto excelente: toda queixa inútil (humdudgeon) deve ser apresentada não em forma oral, mas em forma escrita, "de pelo menos duzentas páginas ou mais". Houve uma redução nítida e repentina em reclamar e queixar.

Os pais, por exemplo, ensinam seus filhos a reclamar. Não surpreende que seja tão difícil ensiná-los a não fazer isso. Ouça as conversas no elevador, no cabeleireiro, na mesa ao lado da sua no restaurante. Todos reclamam de algo — o clima, a saúde, o presidente, os impostos, a falta de segurança, o trânsito, as crianças.

A vida humana está cheia de dificuldades — dificuldades que não vêm do pó, segundo Elifaz, o amigo de Jó, nem da terra. O ser humano nasce para a dificuldade. Compare sua lista de dificuldades com as de um homem famoso:

1. Teve uma infância difícil.
2. Menos de um ano de educação formal.
3. Fracassou nos negócios aos 22 anos de idade.
4. Foi derrotado para a legislatura aos 23.
5. Fracassou de novo nos negócios aos 24.
6. Eleito para a legislatura aos 24.

7. Sua noiva morreu quando ele tinha 26.
8. Derrotado para ser presidente da Assembleia aos 29.
9. Derrotado para o distrito eleitoral aos 31.
10. Casou-se aos 33 anos com uma mulher que se tornou um fardo, e não uma ajuda.
11. Somente um de seus filhos viveu além dos 18 anos.
12. Derrotado para o Congresso aos 34.
13. Eleito para o Congresso aos 37.
14. Derrotado para o Congresso aos 39.
15. Derrotado para o Senado aos 46.
16. Derrotado para a Vice-Presidência aos 47.
17. Derrotado para o Senado aos 49.
18. Finalmente eleito presidente.

Obviamente, esse homem era Abraham Lincoln. Quando examino essa lista de reveses, pergunto-me se já tive algum problema na vida.

Adler disse: "É uma exigência categórica da vida do neurótico que ele fracasse por culpa de outras pessoas, de modo a se isentar de responsabilidade". Isso me impactou. Minha reação ao fracasso é culpar imediatamente outra pessoa? Há sempre uma desculpa, uma reclamação, um queixume interior!

Um espírito de contentamento tranquilo sempre acompanha a verdadeira piedade. A paz profunda que vem da confiança profunda na bondade de Deus não é destruída nem mesmo pelas piores circunstâncias. Porque aqueles Braços Eternos estão nos segurando, estamos sempre "sob a Misericórdia". Corrie ten Boom nasceu "para as dificuldades", como todos nós. Mas, em um campo de concentração da Alemanha, ela se levantava a cada manhã e cantava de forma exuberante: "Levante-se, levante-se para Jesus!". Agradecia ao Senhor pelo pequeno destacamento de formigas que marchavam por sua cela, trazendo-lhe companhia. Quando Paulo e Silas foram colocados no cárcere, oravam e cantavam. Não são as dificuldades que os tornam santos, mas sua reação às dificuldades. Nem mesmo os milagres nos fazem pessoas santas. Paulo lembrou aos cristãos de Corinto que os israelitas foram todos guiados pela mesma nuvem, todos tiveram a experiência de atravessar o mesmo mar, todos comeram da mesma comida espiritual e todos beberam da mesma bebida sobrenatural. Apesar disso, "Deus não se agradou da maioria deles, razão por que ficaram prostrados no deserto" (1Co 10.5). A razão do desprazer de Deus se resume a uma única palavra: descontentamento, que incluía cobiça "das coisas más" (ídolos e sexo ilícito, pelo que 23 mil morreram num único dia) e murmuração, pois desejavam coisas perfeitamente legítimas em si mesmas que Deus não deu — alhos-porós, cebolas, alhos, pepinos e peixes — e ficaram à porta de suas tendas, pais e filhos juntos, lamentando: "Agora, porém, seca-se a nossa alma, e nenhuma coisa vemos senão este maná" (Nm 11.6). Muitos foram atingidos pela praga e morreram.

Quando a carne de Paulo foi afligida por um espinho inquietante, ele quis naturalmente que o espinho fosse removido. Tornou isso conhecido de Deus, mas a resposta foi não. Deus não mudou a condição física de Paulo; mudou sua condição espiritual. Deus lhe deu aquilo de que precisava mais do que a cura. Deu-lhe um elevado ministério do céu chamado graça. Paulo não apenas aceitou essa resposta, como também aprendeu a ser grato pela própria fraqueza, porque "o poder se aperfeiçoa na fraqueza".

Tudo sobre o que somos tentadas a reclamar pode ser o próprio instrumento pelo qual o Oleiro tenciona moldar seu barro para torná-lo a imagem de seu Filho — uma dor de cabeça, um insulto, uma fila longa na saída do hotel, a grosseria de alguém ou a ingratidão, a incompreensão, o desapontamento, a interrupção. Como Amy Carmichael disse: "Veja nisso uma oportunidade de morrer", significando uma oportunidade de renunciar ao ego e dizer sim à vontade de Deus, de "se conformar até a sua morte". Não um complexo mórbido de mártir, mas, sim, um contentamento pacífico e feliz, na certeza de que a bondade e a misericórdia nos seguirão por todos os dias de nossas vidas. Acaso nossos filhos não aprenderiam a ser piedosos se vissem o exemplo de contentamento em vez de murmuração? De aceitação em vez de rebelião? De paz em vez de frustração?

Que tenhamos o mesmo espírito de Lady Jane Gray, que, aos 17 anos, fez esta oração em sua cela antes de ser decapitada, em 1554:

> Ó Deus misericordioso, sê tu para mim
> Uma torre forte de defesa.
> Eu te imploro humildemente.
> Dá-me graça para esperar teu descanso
> E pacientemente suportar
> O que fazes para mim
> Em nada duvidando ou desconfiando
> De tua bondade para comigo;
> Pois tu sabes o que é bom para mim
> Melhor do que eu.
> Portanto, faze comigo em todas as coisas
> O que tu quiseres.
> Veste-me, eu te suplico,
> Com a tua armadura;

Para que eu permaneça firme;

Acima de tudo, embraçando

O escudo da fé;

Orando sempre para que eu possa

Render-me totalmente à tua vontade,

Permanecendo no teu prazer e encontrando consolo

Naquelas dificuldades que serão do teu agrado

Enviar-me, percebendo que essas dificuldades são

Proveitosas para mim; e eu estou

Seguramente persuadida de que tudo que fazes

Só pode ser bom; a ti, pois,

Toda a honra e toda a glória. Amém.

31. Várias maneiras de se tornar infeliz

1. Conte seus problemas, cite-os um por um — à mesa no café da manhã, se houver alguém para ouvir, ou tão logo quanto possível.
2. Preocupe-se diariamente com algo. Não abandone essa prática. Isso não acrescentará alguns centímetros à sua altura, mas pode queimar algumas calorias.
3. Tenha dó de si mesma. Se você praticar bastante, ninguém precisará ter dó de você.
4. Invente maneiras perspicazes, mas decentes, de servir a Deus e a Mamom. Afinal de contas, as pessoas têm de viver.
5. Torne seu alvo descobrir o que seus vizinhos e amigos estão comprando neste ano e para onde estão indo. Tente imitar essas coisas, fazendo pelo menos uma de maneira melhor, ainda que tenha de fazer outro empréstimo para realizá-la.
6. Afaste-se dos absolutos. O que importa é o que é certo para *você*. Seja você mesma e não se permita ficar preocupada com o que os outros esperam de você.
7. Assegure-se de ter seus direitos. Não se importe com os direitos dos outros. Você tem sua vida para viver. Os outros têm as suas.
8. Não caia em qualquer armadilha de compaixão — o tipo de situação em que as pessoas podem aproveitar-se de você. Se você ficar envolvida demais com os problemas de outras pessoas, pode negligenciar os seus próprios.

9. Não permita que a leitura da Bíblia e a oração obstruam o que é realmente importante — como TV e jornais. Coisas invisíveis são eternas. Você quer ficar com as coisas visíveis — elas estão no *agora*.

32. Indecisão

É dolorosamente óbvio que muitos jovens nos dias de hoje têm uma grande dificuldade para decidir a respeito de algo. Nunca estão "realmente certos" da faculdade que pretendem cursar, em que devem se especializar, com quem dividir o dormitório, para qual carreira se preparar, se ou com quem casar, se, após casados, devem ter filhos, quando se preocupar em tê-los, o que fazer com eles se os tiverem, se devem tentar incutir valores em seus filhos (não se decidir a respeito desses assunto já é, sem dúvida, ter incutido um valor na mente do filho).

Garry Trudeau, autor da história em quadrinhos "Doonesbury", observou essa indecisão predominante. Em uma história, ele retrata um rapaz em uma entrevista com o presidente de uma empresa de propaganda.

"Então, você quer ser um homem da publicidade, filho?", indaga o executivo.

"Bem, eu acho que sim, senhor", responde o jovem. "Quero dizer, não tenho certeza, é claro, mas me parece algo digno de tentar, o senhor sabe, para ver se dá certo, se for bom e..."

Penso que a indecisão não é algo novo. Tiago escreveu a esse respeito em sua epístola, mostrando que o remédio para isso é a confiança. Ele nos instrui a pedir sabedoria quando não sabemos o que fazer. "Peça-a, porém, com fé, em nada duvidando; pois o que duvida é semelhante à onda do mar, impelida e agitada pelo vento. Não suponha esse homem que alcançará do Senhor alguma coisa; homem de ânimo dobre, inconstante em todos os seus caminhos" (Tg 1.6-8).

Pai, faze a nossa mente fiel
Descansar, inclinada somente em ti.
Reprime todo pensamento ansioso,
Mantém nossa alma em paz perfeita.

C. Wesley

33. Temor de homem ou de mulher

"A maioria dos homens pensa que as mulheres são sublimes separadamente, mas horríveis em conjunto", comentou o sábio G. K. Chesterton. Infelizmente! Somos tão formidáveis? Robert Bly, em seu best-seller Iron John [João de Ferro], declara que os homens são paralisados pela ira feminina. Sam Allis, um correspondente da revista Time, também diz: "As mulheres são frequentemente obstáculos ameaçadores à paz mental dos homens e, diante de toda a sua fala destemida, os homens permanecem totalmente confusos pela situação".

De acordo com a Palavra de Deus, "quem teme o homem arma ciladas". Parece-me que o temor de mulher cria algo ainda pior. Esses comentários me fizeram pensar (novamente) sobre o temor em geral. Se homens e mulheres estivessem mais seguros de seu Deus, haveria mais masculinidade, feminilidade e piedade genuínas no mundo, e muito menos temor de uns para com os outros.

Jesus nos disse que não devemos temer aqueles que podem matar somente o corpo e que, em vez disso, devemos temer aquele que pode destruir tanto a alma como o corpo no inferno. Em outras palavras, tema a Deus e nada mais. Pela fé, Moisés "abandonou o Egito, não ficando amedrontado com a cólera do rei; antes, permaneceu firme como quem vê aquele que é invisível" (Hb 11.27). Quando Daniel soube do decreto do rei Dario que proibia a oração a qualquer deus ou homem, exceto ao próprio rei, manteve sua prática regular de adoração, de joelhos, com as janelas abertas, "como costumava fazer", e foi flagrado no ato (Dn 6). Ele temia a Deus; por isso, não temeu o rei, nem os leões. Seus três amigos, Sadraque, Mesaque e Abede-Nego, diante da escolha de dois males — adorar uma imagem de ouro ou serem queimados na fornalha —, tomaram uma decisão imediata (Dn 3). O temor a Deus tornou impensável a adoração de um ídolo. O temor do fogo era, comparativamente, algo concebível. Isso é masculinidade.

Uzias, que se tornou rei de Judá aos 16 anos, foi ensinado por Zacarias a temer a Deus. Uma criança que não é ensinada a temer a transgressão quando ainda é pequena terá grande dificuldade para aprender a temer a Deus quando for adulta. "Liberdade de temor" é o que Russel Kirk chama de "uma amostra insensata de sofisma demagógico", pois todos nós temos "um anseio natural por desafiar o que é horrível".

Uma das melhores coisas que uma ouvinte de meu programa Gateway to Joy escreveu-me veio de uma jovem: "Você me torna destemida". Às vezes, eu me pergunto o que aconteceu com palavras como coragem e persistência. Quais razões há em nossa sociedade ao estilo "sinta-se confortável" para sermos destemidas? Pouquíssimas, e, quando pensamos nisso, sentimos falta, não é verdade? Ser uma pessoa realmente destemida é expor-se a acusações de hipocrisia, de estar "em negação" ou de ignorar os sentimentos de alguém. Moisés ordenou a Josué que fosse forte e bastante corajoso. Coragem não é ausência de temor; é disposição para fazer o que tememos. Ir diretamente para a fornalha ou para a cova dos leões. Esses homens estavam inconscientes de seus sentimentos ou da realidade? Não. Nem o salmista que disse: "Em me vindo o temor, hei de confiar" (Sl 56.3). Há uma grande diferença entre sentir e querer.

Na obra Sir Gibbie, de George MacDonald, um menino (Gibbie) está no alto das montanhas durante uma tempestade. Ele ouve o som do rio em torrente e percebe que seu curso segue diretamente para a cabana. E corre após o rio. "Não está aterrorizado. Alguém que, como ele, crê no amor perfeito e na vontade perfeita de um Pai de homens, como o fato dos fatos, não teme nada. O temor é falta de confiança [...]. Uma fé perfeita nos elevaria totalmente acima do temor. É nas fendas, rachaduras e imperfeições profundas de nossas crenças, as brechas que não são fé, que a neve da apreensão se assenta, e o gelo da crueldade se forma."

Apesar de todas as promessas de Deus, você se sente tão desamparada quanto um verme hoje? Há uma mensagem especial para você: "Não temas, ó vermezinho de Jacó, povozinho de Israel; eu te ajudo" (Is 41.14).

34. Oposição espiritual

Quando Lars e eu retornamos de um período de duas semanas na Escócia e na Inglaterra, havia o previsível acúmulo de trabalho à nossa espera e a tentação habitual de nos sentirmos frustrados por isso. A mala tinha de ser desfeita; as roupas, lavadas; a correspondência, aberta, lida e respondida. A casa fora parcialmente limpa pelo estudante que morava conosco, mas no andar superior tive de lidar com a poeira. Havia mensagens telefônicas esperando respostas e chamadas telefônicas que precisávamos fazer para alguns membros da família. Você conhece o sentimento de total incapacidade de lidar com tudo isso? Estou certa de que conhece. Mas creio que o inimigo de nossa alma fica especialmente alerta em tais ocasiões, procurando usá-las para que nos isolemos e não busquemos aquele que está pronto para ser nosso Refúgio e Ajudador.

Colocando todo o trabalho diante do Senhor na primeira manhã após o nosso retorno, pedi ao Senhor ajuda para fazer tudo com fidelidade e cuidado, de forma ordeira. Creio que ele respondeu a essa oração — estou certa que sim. Todas as tarefas foram cumpridas a contento naqueles primeiros três dias, e provavelmente eu não poderia ter feito tudo sozinha. Então, veio a agradável folga de domingo, com tempo para ler e pensar. Estava ansiosa para lidar com as tarefas de segunda-feira (palestras na rádio, programação de palestras) em uma escrivaninha limpa.

A segunda-feira chegou. O dia foi entregue a Deus, como sempre. Mas senti como se tudo tivesse sido como as rodas dos carros egípcios que emperraram. Houve interrupções, distrações. Não pude me sair tão bem quanto esperava. Minha mente estava apática, confusa. No final do dia, não consegui ver o que tinha feito com meu tempo.

A terça-feira foi uma continuação do dia anterior. Para onde tinham ido todas aquelas horas? Fiz minha caminhada habitual depois do almoço na rua Ocean — um céu sem nuvens, um mar brilhante. Caminhei sozinha, falando com Deus sobre meus fracassos, pedindo-lhe que esclarecesse as coisas. Quando retornei para casa, uma fonte inesperada de ajuda chegou às minhas mãos: uma carta escrita para papai trinta anos antes por um missionário idoso. Na época, as coisas não iam bem com o jornal do qual papai era editor, The Sunday School Times; e ele estava à beira do que se chamava colapso nervoso. Havia pedido conselho àquele idoso veterano, E. L. Langston, na África.

> O diabo não gosta do jornal, nem de seus artigos. E evidentemente está atacando você no mais íntimo de seu coração, não por fazê-lo duvidar, mas por causar espírito de descontentamento. Felizmente, ambos sabemos que tentação não é pecado; ceder à tentação é que nos faz pecar. E acho que você tem de considerar como alegria o fato de que passa por estes tempos de dificuldade, porque, com certeza, esses são sinais de que o Senhor está abençoando você...
>
> Há outra razão, creio, para a causa do sentimento em nós. Procede da carne e de uma introspecção pessoal. É bom olharmos para o ego e sabermos quão abominável ele é. Mas, a cada olhada para o ego, temos de dar dez olhadas para Cristo...

Ninguém vai mais à igreja do que o próprio diabo, e ninguém se manifesta como um anjo de luz como ele o faz. Estamos envolvidos no enfrentamento dos poderes das trevas, que estão determinados a nos roubar Cristo e a nos roubar Deus. Meu irmão, você e eu temos de esperar em Cristo e confiar nele quanto à direção de seu Espírito para nossos pensamentos, nossos caminhos e nossas obras, no sentido de que não sejamos nós, mas Cristo em nós.

Não foi maravilhoso que aquela carta tenha sido preservada para que eu pudesse "encontrá-la por acaso" na hora da minha necessidade? Mas assim é o Senhor, pois é por meio da amorosa severidade de nossos próprios problemas que o Filho do Homem bate à nossa porta. A cada evento, ele busca entrar em meu coração, até mesmo nos momentos em que me sinto mais desamparada, inútil e infrutífera. As próprias fendas e rachaduras vazias de minha vida, minhas perplexidades, minhas feridas e meus trabalhos mal administrados, ele quer encher tudo de si mesmo, de sua alegria, de sua vida. Quanto mais insatisfatório é meu desempenho, mais ele me chama a compartilhar seu jugo. A esta altura, eu já deveria saber que meu jugo me torna cansada e sobrecarregada. Ele me insta a aprender com ele: "Sou manso e humilde de coração".

35. A dádiva do trabalho

A principal causa do tédio é o ódio ao trabalho. As pessoas são treinadas desde a infância a odiá-lo. Com frequência, os pais se sentem culpados de levar os filhos a realizarem qualquer atividade que vá além dos mais triviais acenos de trabalho. Talvez exijam que os filhos façam a própria cama, de maneira fraca e apática, limpem o quarto uma vez por mês e assim por diante. E se pensarmos na responsabilidade plena de tirar a mesa, colocar a louça na máquina de lavar, esfregar as panelas, limpar a pia? Quantos têm a coragem de pedir isso a um filho de dez anos de idade? Seria demais pedir isso a muitos filhos dessa idade porque os pais não lhes pediram nada desde que tinham dois ou três anos. Os filhos captam rapidamente as atitudes negativas dos pais em relação a trabalho e pensam nele como algo que deve ser evitado com afinco.

Nosso Senhor e Salvador trabalhava. Não há dúvida de que ele serviu na carpintaria sob a instrução de José, seu pai terreno, dedicando longas horas, aprendendo destreza, cuidado, responsabilidade e, acima de tudo, a glória do trabalho como uma dádiva para glorificar seu Pai celestial. Ele sempre fez o que agradava ao Pai. Mais tarde, ele escolheu quase todos os seus discípulos entre os que labutavam com as próprias mãos. Até o apóstolo Paulo, um homem de intelecto brilhante, fazia tendas.

Brooker T. Washington, um afro-americano que cresceu no Sul em uma época na qual se esperava que os membros de sua raça fizessem os trabalhos mais árduos e sujos, aprendeu sua grande lição com o exemplo de uma mulher cristã. Uma senhora da Nova Inglaterra, fundadora do Instituto Hampton, lavava, ela mesma, as janelas um dia antes de as aulas começarem, para que estivessem limpas para aquelas crianças que haviam nascido na condição de escravidão.

O trabalho é um mal necessário, até mesmo uma maldição? Um cristão que passou muitos anos em campos de trabalho forçado na União Soviética, que aprendeu a conhecer o trabalho em sua forma mais brutal, mais degradante e mais desumanizadora, testemunhou que tinha orgulho do trabalho, fazia o melhor que podia e trabalhava até o limite de sua força todo dia. Por quê? Porque via o trabalho como uma dádiva de Deus, vindo até ele das mãos de Deus, a própria vontade de Deus para ele. E lembrava que Jesus não fez bancos, vigas de telhado ou cabos de arado por meio de milagres, mas usando serra, machado e enxó.

Não faria uma diferença incrível, não somente na qualidade do trabalho que realizamos (no escritório, na sala de aula, na fábrica, na cozinha ou no quintal), mas também em nossa satisfação e alegria, se reconhecêssemos o dom gracioso de Deus em cada trabalho, desde fazer uma cama ou banhar um bebê até desenhar uma planta arquitetônica ou vender um computador? Se nossos filhos nos vissem fazer "de todo o coração, como para o Senhor" todo trabalho que realizamos, eles aprenderiam a verdadeira felicidade. Em vez de sentirem que devem ter liberdade de fazer o que gostam, eles aprenderiam a gostar do que fazem.

Inácio de Loyola pregou: "Ensina-nos, bom Senhor, a trabalhar e a não pedir recompensa, exceto a de saber que fazemos a tua vontade". Quando aprendo a fazer essa oração, descubro que há muito mais recompensas que recebemos como benefícios secundários. Quando fazemos de nosso trabalho uma oferta, descobrimos a verdade de um princípio que Jesus ensinou: realização não é o alvo a ser atingido, mas sempre o subproduto de sacrifício.

36. A bordoada universal

É tão revigorante ter encorajamento para trabalhar, ser alegre e receber ordens, em vez do que é mais comum hoje: um desgosto franco, até mesmo um ódio, ao trabalho e a indisposição de receber ordens de alguém. Temos visto realmente muito disso, você concorda? Então, eis o antídoto nas reflexões de um marinheiro no grande clássico de Herman Melville, Moby Dick:

> E daí se um caco velho, um capitão decrépito, me der a ordem de pegar uma vassoura e varrer os conveses? Qual é o valor dessa infâmia, quero dizer, se pesada na balança do Novo Testamento? Você acredita que o arcanjo Gabriel terá menos consideração por mim só porque obedeci com presteza e respeito a um velho miserável? Quem não é escravo? Responda. Pois bem, por mais que velhos capitães me deem ordens, por mais que me deem bordoadas e murros, tenho a satisfação de saber que está tudo certo, que todos os homens, de um jeito ou de outro, serviram do mesmo modo — isto é, tanto da perspectiva física quanto metafísica; e, assim, a bordoada universal dá a volta, e todos deveriam trocar tapinhas nas costas e dar-se por satisfeitos.[5]

---

5 Herman Melville. *Moby Dick*. Trad. Irene Hirsch. São Paulo: Cosac Naify, 2014, p. 20-1.

A maioria de nós não está exatamente sob as ordens de "um caco velho de capitão de mar", mas *somos* destinadas a ser servas dispostas e alegres de quem quer que precise de nós. Eu tenho um verdadeiro coração servil? Deveria tê-lo; não serei semelhante ao meu Senhor Jesus se não o tiver, porque ele veio não para ser servido, mas para servir. Jesus estabeleceu para nós um exemplo magnífico de como tencionava que isso fosse prático. Ele lavou pés. E, mesmo sabendo sua própria origem e seu destino, Jesus fez isso com graça e com amor.

E qual é nossa origem? Nosso destino? Nós também "viemos de Deus e voltaremos para Deus". Há algum trabalho servil? Alguma "bordoada" que é realmente importante para nós?

> Vós, irmãos, fostes chamados à liberdade; porém não useis da liberdade para dar ocasião à carne; sede, antes, servos uns dos outros, pelo amor (Gl 5.13).

No verão passado, um adolescente de 15 anos trabalhou em um rancho no qual sua tarefa incluía não somente lavar as louças, mas também esvaziar a caçamba de lixo. Não eram tarefas que ele escolhera fazer (pois preferia treinar cavalos ou mesmo remover o esterco dos estábulos). Por isso, eu lhe dei Colossenses 3.23-24: "Tudo quanto fizerdes, fazei-o de todo o coração, como para o Senhor e não para homens, cientes de que recebereis do Senhor a recompensa da herança. A Cristo, o Senhor, é que estais servindo". Ele me escreveu uma carta afável e disse que Deus o estava ajudando.

37. Mas eu tenho um diploma de graduação

Solicitaram a uma senhora que palestrasse para alunas de um seminário a respeito de oportunidades de trabalho para pessoas que têm diplomas de seminário. Ela escreve: "Em primeiro lugar, eu lhes falei principalmente sobre ser, fazer e ir como Deus quer (não quem eu sou, mas de quem eu sou). Depois, apresentei uma lista de maneiras tradicionais e criativas de satisfazer a necessidades no reino de Deus. Três feministas se sentiram ofendidas especialmente pelo fato de que mencionei uma babá entre os mais de setenta trabalhos. Mas Aristóteles foi uma espécie de 'ama-seca' para Alexandre, o Grande! Essas mulheres haviam adotado os valores do mundo e estavam realmente prontas a lutar por seus dez anos de programação computacional executiva. Disseram que minha palestra as 'depreciara mais do que a palestra de qualquer homem'".

Teologia significa o estudo de Deus, mas, se uma graduação obtida no campo dá uma posição na vida que torna a servilidade "inferior" (as três mulheres se sentiram "depreciadas"), algo está terrivelmente errado. "O servo não é maior do que seu senhor", disse Jesus, "se sabeis estas coisas, bem-aventurados sois se as praticardes" (Jo 13.16, 17).

Bem-aventurado — não importa o status do trabalho. Os discípulos estiveram ocupados com rivalidades triviais e questões sobre grandeza. Jesus, "sabendo que o Pai tudo confiara às suas mãos" (Jo

13.3), pegou em suas mãos os pés empoeirados e calejados de cada um dos Doze, lavou-os e secou-os com uma toalha. Era sua bem-aventurança fazer a vontade de seu Pai, mas isso foi um choque para aqueles homens rústicos. O lavar dos pés não lhes ocorreu como vindo sob esse título, suponho, embora já tivessem ouvido o princípio. Posso imaginar a perplexidade no rosto deles. Você consegue imaginar o estado do coração de Pedro quando ele diz: "Senhor, tu me lavas os pés a mim?"?

Valores são distorcidos muito facilmente em nossos dias, não? A revista Time (7 de novembro de 1988), por exemplo, divulgou o testemunho de um homem que, segundo a medida de sucesso do mundo, chegara ao topo. Era o dramaturgo Eugene O'Neill; e, se o sucesso torna alguém feliz, ele deveria ser o indivíduo mais feliz do mundo. No entanto, ele parecia ser o mais infeliz. "Estou entediado do maldito teatro... Não vale a pena o esforço. Se eu obtivesse qualquer satisfação espiritual do sucesso no teatro, seria algo compensador. Mas não obtenho. O sucesso é, falando espiritualmente, tão monótono quanto o fracasso. Depois da incomparável aclamação da crítica à peça O luto de Electra, fiquei na cama por quase uma semana, dominado pela mais profunda melancolia e por exaustão nervosa".

Compare as palavras de O'Neill com as de Jesus: "Se sabeis estas coisas, bem-aventurados sois se as praticardes". É difícil para nós, mortais terrenos, compreendê-las. É mais fácil sermos iludidos por recompensas temporais e promessas de satisfação transitórias. Quanto mais brilhantes forem as perspectivas que o mundo oferece, mais obscuros se tornam os princípios do reino em que, como disse Janet Erskine Stuart, "humildade e serviço são a única expressão e medida de grandeza".

38. A chave para o poder sobrenatural

O mundo não consegue compreender a força que procede da fraqueza, o ganho que procede da perda, o poder que procede da mansidão. Os cristãos apreendem essas verdades muito lentamente, quando apreendem, porque somos fortemente influenciados pela maneira de pensar secular. Vamos parar um pouco e concentrar-nos no que Jesus queria dizer ao falar que os mansos herdarão a terra. Entendemos, de fato, o que a mansidão realmente é? Pensemos, em primeiro lugar, no que ela não é.

Não é um temperamento naturalmente apático. Conheci uma mulher que era tão apática que nada parecia fazer diferença para ela. Um dia, enquanto eu secava louças para ela em sua cozinha, perguntei-lhe onde deveria guardar uma bandeja.

"Eu não sei. Onde você achar que é um bom lugar", essa foi a sua resposta. Fiquei me perguntando como ela conseguia encontrar determinadas coisas se não havia um lugar para cada uma delas (nem cada coisa em seu lugar).

Mansidão não é indecisão, nem indolência, nem fragilidade feminina, nem sentimentalismo lânguido, nem indiferença, nem neutralidade afável.

Mansidão não é, muito enfaticamente, fraqueza. Você lembra quem foi o homem mais manso no Antigo Testamento? Moisés! (veja Números 12.3). Minha imagem mental de Moisés não é a de um homem fraco. É moldada pela escultura e pelo retrato de Michelangelo e pelas descrições bíblicas. Pense nele assassinando o egípcio, quebrando as tábuas dos mandamentos, moendo o bezerro de ouro para torná-lo pó, lançando-o na água e fazendo os israelitas beberem-na. Nenhuma indicação de fraqueza nele, tampouco em Davi, que escreveu: "Guiará os mansos retamente" (Sl 25.9, ARC), nem Isaías, que escreveu: "Os mansos terão regozijo sobre regozijo no Senhor" (Is 29.19).

O Senhor Jesus era o Cordeiro de Deus. E, quando pensamos em cordeiros, pensamos em mansidão (e talvez fragilidade). Mas ele era também o Leão de Judá, que disse: "Sou manso e humilde de coração" (Mt 11.29). Jesus nos diz que podemos encontrar descanso para a alma se formos a ele, tomarmos seu jugo e aprendermos com ele. E o que temos de aprender é mansidão; ela não vem naturalmente a qualquer um de nós.

Mansidão é disposição para ser instruído. "Ensina aos mansos o seu caminho" (Sl 25.9). É a prontidão de aprender, que inclui prontidão de renunciar às minhas noções fixas, às minhas objeções e aos meus questionamentos de desconfiança, às minhas certezas quanto à retidão do que sempre tenho feito, pensado ou afirmado. É o alegre e humilde "Mostra-me! Este é o caminho? Por favor, ajude-me". Não entraremos no reino sem essa atitude de criança, sem essa disposição simples de ser ensinado, corrigido e ajudado. "Acolhei, com mansidão, a palavra em vós implantada, a qual é poderosa para salvar a vossa alma" (Tg 1.21). Mansidão é explicitamente uma qualidade espiritual, um fruto do Espírito, aprendido, não herdado. Ela se mostra no tipo de atenção que damos uns aos outros, no tom de voz que usamos, na expressão facial.

Em um fim de semana, falei em Atlanta sobre esse assunto e no fim de semana seguinte falei de novo sobre isso na Filadélfia. Como acontece com bastante frequência, fui grandemente testada no próprio assunto nos poucos dias entre as duas palestras. O grande teste foi minha oportunidade de ser ensinada, mudada e ajudada. Ao mesmo tempo, fui tentada fortemente a me render ao oposto da mansidão: amuar-me. Alguém me magoara. Ele ou ela era quem precisava ser mudado! Senti que fora incompreendida, tratada com injustiça e censurada indevidamente. Embora eu tenha conseguido manter a boca fechada, tanto o Senhor como eu sabíamos que meus pensamentos não fluíam de uma longanimidade profunda e de um amor santo. Eu queria me justificar para o ofensor. Essa foi uma revelação de quão pouco eu conhecia da mansidão.

O Espírito de Deus me lembrou de que foi ele quem providenciou aquela situação para me ensinar a lição de mansidão que eu não poderia aprender em nenhum outro lugar. Ele estava literalmente forçando-me a tomar uma decisão importante: naquele momento, eu escolheria aprender com ele, aprender sua mansidão? Ele foi menosprezado, rejeitado, ultrajado, ferido, moído, oprimido, afligido, mas, apesar disso, não abriu a boca. O que era aquele meu pequeno incidente em comparação com o sofrimento de meu Senhor? O Espírito de Deus me fez lembrar a disposição de Jesus não somente de comer com Judas, que, em breve, o trairia, mas também se ajoelhar diante dele e lavar seus pés sujos. O Espírito me mostrou o olhar que o Senhor lançou para Pedro quando este o negou três vezes — um olhar de amor indizível e perdão, um olhar de mansidão que venceu poderosamente a covardia e o egoísmo de Pedro, conduzindo-o ao arrependimento. Pensei em sua mansidão enquanto pendia cravado na cruz, orando, em sua agonia, pelo perdão de seu Pai para seus assassinos. Não havia traço de amargura ou ressentimento ali; apenas a prova final de um amor sublime e invencível.

No entanto, como eu poderia, não nascida com o menor sinal dessa virtude, alguém que amava vencer por meio de argumento e mordacidade, aprender aquela mansidão santa? O profeta Sofonias nos convida a buscá-la (Sf 2.3). Temos de andar (viver) no Espírito, não satisfazendo aos desejos da natureza pecaminosa (por exemplo, meu desejo por responder de volta, apresentar desculpas e acusações, meu desejo de expor a falta do outro e de que a minha própria não seja exposta). Temos de nos revestir de "mansidão" (Cl 3.12) — vesti-la como uma roupa. Isso envolve uma escolha explícita: eu serei manso. Não ficarei amuada, não retaliarei, não me ressentirei.

Olhar constantemente para Jesus, em vez de olhar para a ofensa, faz uma grande diferença. Procurar ver as situações à luz de Jesus muda o aspecto por completo.

Em O peregrino, Prudência pergunta a Cristão, na Casa Bela: "Você consegue lembrar de que maneira seus aborrecimentos são às vezes como que vencidos?".

"Sim", responde Cristão, "quando eu penso no que vejo na cruz. Isso os vencerá".

A mensagem da cruz é loucura para o mundo e para todos cuja maneira de pensar ainda é mundana. Mas "a loucura de Deus é mais sábia do que os homens; e a fraqueza de Deus é mais forte do que os homens" (1Co 1.25). A mansidão de Jesus era a força mais irresistível do que qualquer força na terra. "Eu... vos rogo, pela mansidão e benignidade de Cristo", escreveu o grande apóstolo, "embora andando na carne, não militamos segundo a carne. Porque as armas da nossa milícia não são carnais, e sim poderosas em Deus, para destruir fortalezas" (2Co 10.1, 3-4). A arma de mansidão vence toda inimizade, disse o autor Dietrich Von Hildebrand, com a oferta de um coração sincero.

Não é essa a explicação para nos sentirmos tão cansadas, tão exaustas, tão confusas e tão ressentidas? Arrastamos conosco esses fardos prodigiosos de ressentimento e autoafirmação. Em vez disso, não deveríamos aceitar de imediato o convite amoroso: "Venha a mim. Tome o meu jugo. Aprenda de mim — sou gentil, manso, humilde, simples. Eu lhe darei descanso" (Mt 11.28-29, parafraseado)?

39. A arma da oração

Um dia, chegaram as notícias de que um assunto pelo qual eu estava orando se deteriorara, em vez de haver melhorado. Afinal de contas, para que servem as minhas orações? Senti-me tentada a perguntar. Por que alguém deve preocupar-se em orar? Está se tornando uma mera charada. Mas as palavras de Jesus surgiram em minha leitura bíblica naquela mesma manhã (e não foi bom que separei tempo para ouvi-lo?): "Ora, se vós, que sois maus, sabeis dar boas dádivas aos vossos filhos, quanto mais vosso Pai, que está nos céus, dará boas coisas aos que lhe pedirem?" (Mt 7.11).

Você se sente tentada tão frequentemente quanto eu a duvidar da eficácia da oração? Mas Jesus orava. Ele nos instruiu a orar. Podemos ter certeza de que a resposta virá — e será boa. Se não for exatamente o que esperamos, é provável que não estivéssemos pedindo a coisa certa. Nosso Pai celestial ouve a oração, mas ele quer dar-nos pão, e não pedras.

A oração é uma arma. Paulo fala das "armas da nossa milícia" em 2 Coríntios 10.4-5. Elas "não são carnais, e sim poderosas em Deus, para destruir fortalezas". A fonte de minhas dúvidas sobre o poder da oração naquela manhã não era certamente o Espírito Santo. Era o espírito profano, o próprio Destruidor, instando-me a desistir de usar a arma da qual ele tem um medo intenso.

40. Por que preocupar-se em orar?

Se Deus é soberano, e tudo será como tem de ser, por que preocupar-se em orar? Há várias razões. A primeira é realmente tudo que precisamos saber: Deus nos diz que devemos orar. Esse é um mandamento. E, se amamos a Deus, obedecemos aos seus mandamentos.

Em segundo lugar, Jesus orava. Algumas vezes, as pessoas me dizem que a única razão para a oração é que precisamos ser mudadas. Certamente, precisamos. Mas essa não é a única razão pela qual oramos. Jesus não precisava ser mudado ou tornado mais santo por meio da oração. Ele estava em comunhão com seu Pai. Pedia coisas. Agradecia a Deus. Em sua oração no Getsêmani, ele suplicou a seu Pai que impedisse o que estava prestes a acontecer. Também renunciou à sua própria vontade.

Em terceiro lugar, a oração é uma lei do universo. Deus ordenou que determinadas leis físicas governem a operação deste mundo. Os livros simplesmente não ficarão parados sobre uma mesa sem a operação da lei da gravidade. Também há leis espirituais. Deus poderia fazer com que os livros ficassem sobre mesas por meio do que os teólogos chamam de "fiat divino". Tudo que é motivo de nossas orações poderia ocorrer da mesma maneira, mas não é assim que as coisas foram dispostas. Pascal, o grande pensador francês, disse que, na oração, Deus nos dá "a dignidade de causalidade".

A leitura da Bíblia deveria moldar nossas orações. Eis uma passagem de Colossenses (3.12-14) que me impacta grandemente e me mostra com clareza algumas mudanças em que preciso da ajuda de Deus para realizar:

> Revesti-vos, pois, como eleitos de Deus, santos e amados, de ternos afetos de misericórdia, de bondade, de humildade, de mansidão, de longanimidade. Suportai-vos uns aos outros, perdoai-vos mutuamente, caso alguém tenha motivo de queixa contra outrem. Assim como o Senhor vos perdoou, assim também perdoai vós; acima de tudo isto, porém, esteja o amor, que é o vínculo da perfeição.

41. Oração é conflito

A oração não é um passatempo fácil. À medida que vou envelhecendo, descubro que me torno mais consciente do que antes de minha necessidade de orar, mas parece que, ao mesmo tempo, a oração se torna uma luta. Por um lado, é mais difícil concentrar-me. Fui grandemente ajudada por algumas anotações particulares que Amy Carmichael escreveu para sua "família" (centenas de filhos e seus ajudadores, tanto na Índia como na Europa) em Dohnavur, no sul da Índia, para ajudá-los a se prepararem para um dia especial de oração.

Ela citou a Epístola de Paulo aos Colossenses (2.1): "Gostaria, pois, que soubésseis quão grande luta venho mantendo por vós, pelos laodicenses e por quantos não me viram face a face". Ele se refere, pelo menos em parte, ao conflito de oração. Em outras versões inglesas,[6] o mesmo versículo é traduzido por "quão grandemente me esforço", e "quão profunda é minha ansiedade", e "E quero que saibais como é grande a luta em que me empenho por vós... para que sejam confortados os seus corações, unidos no amor, e para que eles cheguem à riqueza da plenitude do entendimento e à compreensão do mistério de Deus, no qual se acham escondidos todos os tesouros da sabedoria e do conhecimento".

---

6 Tradução livre para o português da versão inglesa da Bíblia King James.

Eis as anotações de Amy:

Contra o que luto?
1. Contra tudo que me diz: qual é o proveito de sua oração? Muitos outros, que conhecem a oração mais do que você, estão orando. Que diferença faz se você ora ou não? Você tem certeza de que o Senhor está ouvindo? É claro que ele está ouvindo as orações de outras pessoas, mas você considera as suas em tão baixa estima. Tem certeza de que ele "inclina os ouvidos" a *você?*
2. Contra tudo que sugere que dedicamos tempo demais à prática da oração. Há tanto a ser feito. Por que separar tanto tempo para orar?
3. Contra tudo que me desencoraja pessoalmente — talvez a lembrança de um pecado antigo, talvez cansaço físico e espiritual; contra tudo que me detém do que Paulo fazia com bastante frequência: oração vital.

O que me ajudará ao máximo nessa luta?
1. O conhecimento certo de que nossa insignificância não interfere de maneira alguma, pois não nos achegamos ao Pai em nosso próprio nome, mas, sim, em nome de seu Filho amado. Os ouvidos do Pai sempre se abrem a esse nome. Podemos estar certas disso.
2. O conhecimento certo de que essa é uma mentira de Satanás. Ele teme muito mais nossas orações do que nosso trabalho. (Isso é provado pelas imensas dificuldades que sempre enfrentamos quando nos propomos a orar. Elas são muito maiores do que as que enfrentamos quando nos propomos a trabalhar.)

3. Isaías 44.22 e palavras relacionadas, como 1João 1.9, confrontam toda a tristeza relacionada ao pecado. Isaías 40.29-31, com 2 Coríntios 12.9-10, confronta tudo que o cansaço físico ou espiritual pode fazer para nos obstruir. Salmos 27 e Isaías 45.9 confrontam todas as outras dificuldades. E, no momento em que dizemos ao nosso Deus: "Tua face, SENHOR, eu buscarei", suas energias poderosas vêm para o resgate. (Veja Colossenses 1.2, 9.) Maior, muito maior, é aquele que está em nós do que aquele que está contra nós. Conte com a grandeza de Deus. Mas devemos continuar lutando até o fim?

Não, há um ponto ao qual chegamos e no qual, confiando totalmente na promessa de nosso Pai, descansamos nele nosso coração. É quando recebemos o que Paulo chama acesso com confiança (Ef 3.12). Mas não se esqueça de que esse acesso é pela fé, e não pelo sentimento, pela fé em nosso Senhor vivo. Aquele que diz "vinde a mim" não nos rejeita quando vamos a ele. E, à medida que vamos prosseguindo, guiados pelo Espírito Santo, que tão bondosamente nos auxilia em nossas fraquezas, encontramo-nos em 1 João 5.14-15 e, por fim, em Filipenses, 4.6-7. É bom lembrarmos que resposta imediata à oração não é sempre algo que vemos, mas é sempre paz interior.

E se os dias terminarem de outra maneira e nos sentirmos desencorajadas? Então, diga ao Senhor: "Não me envergonho das lágrimas aos teus pés" [aqui ela cita o poema "São Paulo", de F. W. H. Meyers]. Tu sabes que te amo. "Sim, meu filho, eu sei." Mas não permaneça numa atitude do tipo "isso nunca será diferente". *Será* diferente apenas se, com zelo, prosseguirmos em conhecer o Senhor.

42. Seja honesta com Deus

Visto que Deus conhece nossos pensamentos antes mesmo de os cogitarmos, não é absurdo hesitarmos em lhe contar abertamente a verdade a respeito de nós mesmas? Quando sentimos que devemos tentar ocultar a nossa nudez espiritual, é bom abrirmos o Salmo 139: "Senhor, tu me sondas e me conheces... de longe penetras os meus pensamentos... conheces todos os meus caminhos. Ainda a palavra me não chegou à língua, e tu, Senhor, já a conheces toda. Pois tu formaste o meu interior" (Sl 139.1-4, 13).

Há ocasiões em que hesito até mesmo em orar, sabendo quão distante estou do padrão de Deus.

George MacDonald escreve:

> Se sinto que meu coração está tão duro quanto uma pedra; se não amo Deus, ou o homem, ou a mulher, ou uma criança, ainda assim eu diria a Deus em meu coração: "Ó Deus, veja como confio em ti, porque tu és perfeito e não mutável como eu. Eu não te amo. Não amo ninguém. Nem mesmo fico triste por isso. Tu vês quanto necessito de que venhas até mim, coloques teu braço ao meu redor e me digas: *meu filho*. Quanto pior é meu estado, maior se revela minha necessidade de meu Pai, que me ama. Venha até mim, e meu dia alvorecerá, meu amor retornará e, oh!, quanto te amarei, meu Deus! E sabes que meu amor é teu amor, minha bem-aventurança, teu ser.

Podemos orar as palavras que encerram o Salmo 139: "Sonda-me, ó Deus, e conhece o meu coração, prova-me e conhece os meus pensamentos; vê se há em mim algum caminho mau e guia-me pelo caminho eterno" (Sl 139.23-24).

"Seja persuadida, alma tímida", escreve o arcebispo Fanelon em suas Spiritual Letters to Women [Cartas espirituais a uma mulher], "de que ele te amou demais para deixar de te amar".

43. Uma oração antiga

Os cristãos na Igreja Ortodoxa usam uma oração chamada "Oração de Jesus". Às vezes, eles oram no ritmo da respiração, aprendendo, dessa maneira, quase a orar "sem cessar". As palavras são simples, mas abrangem tudo que necessitamos pedir para nós mesmos e para os outros: Senhor Jesus Cristo, Filho de Deus, tem misericórdia de nós.

O Senhor Jesus não disse que não devemos usar repetição. Ele disse que não devemos usar de vãs repetições. Uma oração que procede do coração da criança nunca é vã.

O próprio reverendo Kenneth R. Waldron, um sacerdote tanto da Igreja Ortodoxa Ucraniana como da Igreja Anglicana, escreveu-me sobre sua cirurgia.

> No último momento de consciência, antes de o anestésico dominar-me, ouvi meu cirurgião repetir em um sussurro: GOSPODI POMILUY, GOSPODI POMILUY, GOSPODI POMILUY (o Dr. Waldron colocou as palavras russas em pronúncia fonética) — Senhor, tem misericórdia de nós... É maravilhoso entrar em estado de inconsciência ouvindo essas palavras dos lábios de um homem em cujas mãos você confia que o livrará de seus problemas. Pense no consolo e na ajuda que essa oração simples tem proporcionado a milhares de pessoas no passar dos anos, uma oração

que se revelou de grande ajuda para mim em janeiro de 1982. Alguns de meus amigos do hospital pensaram que não me veriam de novo com vida, mas o bom Senhor tinha mais trabalho para este velho sacerdote realizar.

A Oração de Jesus foi uma das orações que Add, meu esposo, e eu usamos muitas vezes juntos, quando ele estava morrendo de câncer, quando parecia que já havíamos "esgotado" todas as outras orações. Eu a recomendo a você.

44. Perdido e achado

Eis uma pequena história sobre uma resposta simples à oração. Lars estava em viagem. Eu tinha de levar o carro até a casa do mecânico. Li Zeng, nosso estudante residente, me seguiu em seu carro para me trazer de volta. As instruções para chegar ao local haviam sido ambíguas, e Gloucester, em Massachusetts, ganha o prêmio de ser a cidade mais fácil de alguém se perder. Orei para que não me perdesse. Li tinha de ir para a aula. O mecânico tinha de sair às 7h15. Eu me perdi e fiz uma curva rápida sem verificar se Li ainda estava comigo. Não, ele não estava. "Senhor, Li chegará atrasado à sua aula, e o homem sairá em alguns minutos. O que devo fazer?". É uma história longa, mas, depois de uma ligação telefônica, encontrei a casa. Deixei o carro e rejeitei a bondosa oferta do homem de me levar de volta para casa, porque eu queria encontrar Li, para que ele não perdesse sua aula. Como isso seria possível? Permaneci em súplica e oração para que ele aparecesse — um pedido absurdo em um lugar como Gloucester. Ele estivera em uma rua de mão única que o levaria para longe, até a avenida à beira-mar, sem qualquer razão para encontrar repentinamente a interseção onde eu estava. Em cinco minutos, lá estava ele! Deus nos ensina a pedir para que, então, responda às nossas orações. Isso nos lembra da fonte de nossas bênçãos. A resposta à minha oração para não me perder foi "Não" — a fim de que eu fosse especialmente abençoada na maneira como fui encontrada.

Lembre como o Senhor resgatou Israel (do Egito) a fim de introduzi-los (em Canaã). Ele permitiu que eu me perdesse para que fosse encontrada! Nunca esqueçamos que algumas de suas maiores misericórdias são suas recusas. Ele diz não para que, de alguma maneira que não podemos imaginar, diga sim. Todos os seus caminhos conosco são misericordiosos. Sua intenção é sempre amor.

Depois de escrever essas palavras, recebi de Brenda Foltz, de Princeton (Minnesota), a seguinte história surpreendente. Ela foi escalar rochas pela primeira vez:

> Comecei a escalar a rocha tão rápido quanto me era possível, decidida a "seguir resolutamente" em direção ao topo. Depois de um tempo, atingi uma saliência difícil, e minha escalada ofegante chegou a uma parada abrupta. De repente, a corda foi puxada muito tensamente e atingiu-me bem no olho. "OH! NÃO!", pensei tristemente: "Minha lente de contato se foi!". De meu apoio precário, olhei para todos os lugares na corda e na rocha aguda de granito em busca da lente minúscula e transparente, que poderia ser facilmente confundida com uma gotícula de água.
>
> "Senhor Jesus, ajuda-me a encontrá-la." Orei e supliquei, sabendo da desesperança de minha busca diante daquela mobilidade limitada. Olhava à volta enquanto conseguia me segurar, orando com o coração abatido. Por fim, retomei minha escalada com um último feixe de esperança — talvez a lente de contato ainda estivesse em meu olho, espremida no canto ou em cima, abaixo de minha pálpebra. Quando cheguei ao topo, pedi a um amigo que verificasse se poderia encontrá-la em meu olho. Não estava lá. Toda esperança se fora.

Fiquei desapontada e ansiosa a respeito de conseguir uma nova lente de contato, estando tão distante de casa. Quando me sentei e descansei, observando o mundo a partir daquele panorama gloriosamente sublime, o fragmento de um versículo saltou em minha mente: "Os olhos de Deus passam por toda a terra".

Deus sabe *exatamente onde está a minha lente de contato* neste momento, vendo-a de seu ponto de vantagem elevado. Esse pensamento extraordinário me impactou. Mas *eu* nunca a *verei* novamente, concluí.

Portanto, ainda desalentada, desci até à base na qual os outros se preparavam para subir. Meia hora depois, outra moça partiu de onde eu começara a subir. Ela não tinha a menor ideia sobre a lente de contato. Mas lá, na base íngreme da face da rocha, ela deu um grito empolgado: "Ei, pessoal, algum de vocês perdeu uma lente de contato?".

Então, corri enquanto ela continuava a gritar: "Há uma formiga levando uma lente de contato para baixo da montanha!".

Certamente. Uma entrega especial! Curvei-me, peguei minha lente de contato da formiga laboriosa, embebi-a em água e a coloquei de volta em meu olho, alegrando-me. Fiquei perplexa, como se meu Pai tivesse acabado de me dar, embora tão sem merecimento, um grande abraço e tivesse dito: "Minha filha preciosa, eu cuido de cada detalhe de sua vida".

Escrevi para contar à minha família. Papai fez um desenho que retrata a formiga carregando uma grande lente de contato — cinco vezes o seu tamanho. A formiga estava dizendo a Deus: "Senhor, não entendo por que você quer que eu leve isso para baixo! Para que serve isso? Nem mesmo sei o que é, e certamente não posso comê-lo, pois é tão grande e pesado. Oh! Bem, se o Senhor diz isso, eu tentarei levar, mas para mim isso parece um monte de lixo!".

Admiro-me dos caminhos de Deus e de como ele escolhe revelar sua misericórdia de maneiras que vão muito além de nossa compreensão humana.

Devemos todos nos esforçar e trabalhar por um espírito mais calmo, para podermos servir melhor a Deus em oração e adoração; e servir uns aos outros em amor, para estarmos preparados para fazer e receber o bem; para tornarmos nossa passagem para o céu mais fácil e alegre, sem abaixar e pendurar a asa. Por mais que estejamos quietos e alegres em boa terra, tanto vivemos e estamos, por assim dizer, no céu.

Richard Sibbes

45. Ação de graças pelo que é dado

Algumas pessoas estão chamando o Dia de Ação de Graças de "Dia do Peru".7 Eu acho que deve ser porque não estão cientes de que há alguém para agradecer, e pensam que o mais importante do feriado é a comida. Os cristãos sabem que há alguém a quem agradecer, porém, com bastante frequência, quando fazemos uma lista de coisas para agradecer a ele, incluímos apenas aquilo de que gostamos. Em geral, um casal de noivos não consegue fazer isso. Eles escrevem uma mensagem de agradecimento a todos, não só ao tio rico que deu BMWs combinando para cada um, mas também à tia pobre que lhes deu uma capa para papel higiênico de crochê. Em outras palavras, eles têm de expressar agradecimento pelo que receberam.

Não seria bom fazermos isso com Deus? Devemos agradecer "em tudo", mesmo que sejamos como a garotinha que disse que poderia pensar em muitas coisas que deseja ter no lugar de vida eterna. O cristão maduro oferece não apenas agradecimentos educados, mas também agradecimentos sinceros que brotam de uma fonte muito mais profunda que seu próprio prazer. A ação de graças é um exercício espiritual necessário à construção de uma alma saudável. Ela nos tira do inchaço de nós mesmos para a brisa fresca e a luz do sol da vontade de Deus. O simples ato de agradecer a Deus é, para

---

7 N. T.: Nos Estados Unidos, o peru assado é a refeição tradicional do Dia de Ação de Graças, um dos principais feriados nacionais.

a maioria de nós, uma mudança abrupta de atividade, uma pausa no trabalho e na preocupação, um movimento rumo à recriação.

Não estou sugerindo murmurar banalidades ou fugir da verdade. Não é assim que Deus é glorificado, ou que as almas são fortalecidas. Quero ver com carinho o que me foi dado e agradecer a ele com um coração honesto. O que são as "dádivas"?

Todas nós somos, de uma forma ou de outra, filhas ingratas, compreendendo, ainda que vagamente, a verdade do amor insondável de Deus por nós. Nós não o conhecemos como um Doador gracioso, não compreendemos seus dons mais preciosos ou a profundidade de seu amor, a sabedoria com que ele planejou nossas vidas, o preço que ele pagou para nos levar à glória e à satisfação plena. Quando alguma pequena preocupação específica ou talvez alguma má notícia me deprime ou confunde, não estou em posição de agradecer. Longe disso; esse é o momento, precisamente, que devo começar a deliberadamente voltar minha mente na direção de algumas grandes realidades.

O que são essas "dádivas"? No que mais inabalavelmente creio? Deus, o Pai Todo-Poderoso. Jesus Cristo, seu único Filho. O Espírito Santo, a Santa Igreja Universal, a comunhão dos santos, o perdão dos pecados, a ressurreição do corpo, a vida eterna. Não é uma lista longa, mas é tudo de que precisamos. "Os suprimentos necessários destinados a nós, o equipamento padrão do cristão." Não pedimos por nenhum deles (imagine não ter nada além do que pedimos!) Eles são dados.

Pegue a lista daquilo pelo que não somos gratas e compare com as pedras fundamentais de nossa fé. A verdade de nossas vidas particulares só pode ser entendida em relação a essas realidades. Algumas de nós sabemos muito pouco sobre sofrimento, mas conhecemos decepções, traições, perdas e amargura. Devemos realmente dar graças por todas essas coisas? Sejamos claras sobre uma coisa: Deus não causa todas as coisas de que não gostamos. Mas ele permite que elas aconteçam porque é neste mundo caído que nós, humanos, devemos aprender a andar pela fé. Contudo, ele não nos deixa a todos sozinhos. Ele compartilha cada passo. Ele caminhou por essa estrada solitária primeiro, ele se entregou por nós, ele morreu por nós. "Aquele que não poupou o seu próprio Filho, antes, por todos nós o entregou, porventura, não nos dará graciosamente com ele todas as coisas?" (Rm 8.32). Essas decepções nos dão a chance de aprender a conhecê-lo e de saber o significado de suas dádivas, e, em meio às trevas, receber sua luz. Será que isso não transforma a lista de ingratidão em uma lista de gratidão?

46. Um novo Dia de Ação de Graças

Aquelas pessoas que chamam o Dia de Ação de Graças de "Dia do Peru", suponho, têm uma visão semelhante a esta: a menos que tenhamos alguém a quem agradecer e algo para agradecer, de que adianta usar um nome que evoca fotos de pessoas religiosas com chapéus engraçados e índios trazendo milho e abóboras! Os cristãos, espero, concentram-se em algo além de uma ave assada. Temos alguém a quem agradecer e uma longa lista de coisas pelas quais agradecer, mas às vezes limitamos nossa ação de graças apenas a coisas que parecem boas para nós. À medida que nossa fé no caráter de Deus vai-se aprofundando, vemos que a luz celestial é derramada sobre tudo — mesmo no sofrimento —, de modo que somos capacitadas a agradecer a Deus por coisas que nunca teríamos pensado antes. O apóstolo Paulo, por exemplo, viu até mesmo o sofrimento como uma felicidade (Cl 1.24).

Estive pensando em algo que sufoca a ação de graças. É o espírito da ganância — a ganância de fazer, ser e ter.

Quando Satanás foi tentar Jesus no deserto, sua isca tinha a intenção de inspirar a luxúria de fazer mais do que o Pai pretendia que Jesus fizesse; ir mais longe, demonstrar mais poder, agir de forma mais dramática. Assim também o inimigo vem até nós nestes dias de afazeres frenéticos. Somos incessantemente convocadas para realizar atividades: sociais, educacionais, atléticas e — sim — espirituais.

Nossa "autoimagem" (palavra deplorável!) depende não do quieto e oculto "Faça isso por minha causa", mas da lista que o mundo nos entrega com o que é "importante". É uma longa lista, e é ao mesmo tempo tola e impossível. Se cairmos nessa, negligenciaremos a lista curta.

Apenas algumas coisas são realmente importantes. E, para essas coisas, temos a promessa de ajuda divina: sentar-se em silêncio com o Mestre para ouvir sua palavra e obedecer na linha comum do dever, como, por exemplo, em ser um bom marido, esposa, pai, mãe, filho, filha ou pai ou mãe espiritual para aqueles que precisam de proteção e cuidado — trabalho humilde que nunca está na lista do mundo porque não leva a nada impressionante no currículo. Como Washington Gladden escreveu em 1879: "Ó Mestre, deixe-me caminhar contigo/ Em caminhos humildes de serviço livre...".

A tentação vem também na forma de ser. A serpente no jardim atingiu Eva com a promessa de ser algo que não havia sido dado. Se ela comesse a fruta que lhe era proibida, poderia "melhorar seu estilo de vida" e se tornar como Deus. Ela inferiu que esse era um direito seu, e que Deus estava suprimindo isso dela. A maneira de obter seus direitos era desobedecer a ele.

Nenhuma nova tentação chega a nenhuma de nós. Satanás não precisa de novos truques. Os antigos têm funcionado bem desde o Jardim do Éden, às vezes sob diferentes formas. Quando há uma profunda inquietação para a qual não encontramos explicação, isso talvez se deva à ganância de ser o que nosso Pai amoroso nunca quis que fôssemos. A paz está na aceitação confiante de seu desígnio, de seus dons, de sua determinação de lugar, posição e capacidade. Foi assim que o Filho do Homem veio à terra: aceitando tudo que o Pai queria que ele fosse, não usurpando nada — nenhuma obra, nem mesmo uma palavra — que o Pai não lhe dera.

Então, há a ganância de ter. Quando "um bando de estrangeiros" se juntou aos israelitas, o povo começou a cobiçar coisas melhores (Nm 11.4, NVI). Deus lhes dera exatamente aquilo de que eles precisavam no deserto: o maná. Era sempre o suficiente, sempre fresco, sempre bom (para mim, parece gostoso, como "bolos com azeite"). Mas o povo ansiava por variedade. Esses estrangeiros colocaram ideias em suas cabeças. "Há mais na vida do que essas coisas. É só isso que você tem? Você pode ter mais. Você tem que viver um pouco!"

Assim, a insistência de ter tudo se apoderou do povo de Deus, e eles começaram a lamentar: "gente de todas as famílias se queixando, cada uma à entrada de sua tenda". Não há fim para o ter, o gastar, o obter. Somos consumidores insaciáveis, programados para competição, atualização, exibição ("se você tem, precisa mostrar"). Simplesmente não podemos deixar de ter algo que os outros consideram necessário. Assim, o mundo arruína a paz e a simplicidade que Deus nos daria. O contentamento com o que ele escolheu para nós se dissolve, juntamente com a piedade, enquanto, em vez de dar graças, desejamos e lamentamos, ensinando nossos filhos a cobiçar e lamentar também (crianças da tribo que conheci anos atrás não reclamavam porque não foram ensinadas a fazê-lo).

Senhor, nós te damos graças por aquilo que tu, em tua misericórdia, nos deu para ser, fazer e ter. Livra-nos, Senhor, de toda ganância de ser e fazer e de ter qualquer coisa que não esteja de acordo com teu santo propósito. Ensina-nos a descansar tranquilamente na tua promessa de sustento, reconhecendo que, se não temos algo, não precisamos daquilo. Ensina-nos a desejar tua vontade — nada mais, nada menos e nada além. Por amor a Jesus. Amém.

47. Um cálice transbordante

Benigno e misericordioso é o Senhor, tardio em irar-se e de grande clemência. O Senhor é bom para todos [...]. O Senhor é fiel em todas as suas palavras [...] e satisfazes de benevolência a todo vivente. Justo é o Senhor em todos os seus caminhos [...]. Perto está o Senhor de todos os que o invocam [...]. O Senhor guarda a todos os que o amam [...]. Profira a minha boca louvores ao Senhor. (Sl 145.8, 9, 13, 16, 17, 18, 20, 21)

À medida que o ano vai acabando, meu coração se enche. Como expressar a alegria e a gratidão pelas evidências diárias de tudo o que foi dito acima? Agradeço a Deus por todos os santos cujas vidas me demonstraram o que significa ser cristão. A dra. May Powell, uma notável senhora inglesa, morreu aos 95 anos. Ela se juntou a Amy Carmichael em seu trabalho na Índia, em 1924, ajudando a fundar a obra médica e, em seguida, quando Amy se lesionou, tornou-se colíder da Dohnavur Fellowship. Após a morte de Amy, em 1951, a responsabilidade pela liderança recaiu sobre a dra. Powell. Por fim, ela voltou para a Inglaterra, para cuidar de duas irmãs mais velhas. Com a morte de ambas, ela continuou a servir ao Senhor, a quem amava, sempre disponível para muitos que precisavam de suas orações e de seus conselhos.

Em 1983, eu a visitei na Inglaterra. Na ocasião, eu estava trabalhando em A chance to die [Uma chance para morrer], a biografia de Amy Carmichael. Ela me dera instruções específicas por telefone para ir de trem e táxi, e encontrar a casa na qual morava. Ela estava esperando na porta, muito pequena e ereta, muito alegre e direta, lembrando-me na hora (mas apenas na aparência) da velha senhora de "Beverly Hillbillies" [A Família Buscapé, seriado de televisão]!

"Então, você é Elisabeth. Entre. Conhece a palavra loo? [Eu conhecia, era o nome britânico para banheiro.] Sim. Ali está o banheiro. Aí está seu quarto. Chá no andar de cima em vinte minutos." Subiu as escadas com grande energia. Seu quarto não era muito mais que um claustro. Uma cama estreita, uma pequena mesa com chaleira, xícaras e biscoitos, tudo pronto sobre uma toalha limpa, duas cadeiras. Uma pequena prateleira com livros na parede. Metade desses livros eram de autoria de Amy Carmichael. Eu tinha meu caderno à mão.

"O que você gostaria de saber?", perguntou ela. Não haveria tempo para todas as minhas perguntas, mas, naquelas horas que passei ali, soube que estava na companhia de uma grande mulher, uma das ocultas de Deus, cuja força não reside em nada explicável por personalidade ou hereditariedade, mas naquele que é Rocha, Fortaleza e Poder, que "na escuridão temem sua única luz verdadeira", cujo canto distante de triunfo toma nossos ouvidos às vezes e faz nossos corações corajosos novamente e nossos braços fortes. Louvado seja Deus por tais chamas vivas de seu amor!

Também há meus pais, que agora também estão com o Senhor, mas com quem sinto que tenho vivido de novo neste último ano, enquanto trabalhava em um livro sobre a formação de uma família cristã. Estudando minuciosamente seus diários e cartas, relendo a autobiografia que a mãe escreveu para nós, crianças, debruçando-me sobre as imagens, escavando minha memória e as memórias de meus irmãos e irmãs, muitas vezes parei e disse: "Obrigada" àquele que nos deu esses pais e esse lar. Também estou solenemente consciente do peso de nossa responsabilidade, pois "a quem muito foi dado, muito lhe será exigido".

Como editor, meu pai passou a vida lendo os escritos de outras pessoas e nunca pensou em escrever um livro. Três coleções de seus breves escritos foram publicadas em livro, e uma delas recebeu o título de New Every Morning (publicada pela Zondervan em 1969, agora esgotada). Aqui está o texto que dá nome à obra, um exercício de ação de graças e um vislumbre do homem que ele era. Acho que você verá por que sou grata por ter tido um pai assim:

> As bênçãos são muitas vezes esquecidas. No entanto, nosso Pai Celestial "dia a dia, leva o nosso fardo" (Sl 68.19). Pense em algumas das coisas comuns que são, no entanto, maravilhosas:
>
> O intrincado e delicado mecanismo do pulmão, constante e silenciosamente tomando ar fresco, dezoito a vinte vezes por minuto;
>
> O coração incansável, bombeando grande quantidade de sangue limpo através do labirinto de vasos;
>
> A temperatura corporal constante, normalmente variando menos de um grau;
>
> A temperatura atmosférica, variando amplamente, é verdade, mas nunca o suficiente para destruir a vida humana e animal;
>
> A sucessão ordenada de dia e noite, primavera, verão, outono e inverno, para que, com poucas exceções, o homem possa fazer seus planos de forma adequada;

A grande variedade de alimentos, da fazenda, do campo, da floresta e do mar, para atender aos nossos diferentes desejos e necessidades físicas;

As belezas de cada dia — a estrela da manhã e a luz crescente do nascer do sol, as nuvens brancas da tarde, os tons suaves de um pôr do sol pacífico e a glória dos céus estrelados;

A sinfonia de canções matinais de pássaros, que vão desde o trinar não musical do pardal até o êxtase do pintassilgo e os tons calmos, ricos e musicais dos tordos eremitas;

A restauração que o sono traz;

As alegrias simples de casa — as risadas e observações caprichosas das crianças, os momentos felizes ao redor da mesa, o amor e a compreensão do marido e da esposa, bem como a harmonia das vozes levantadas juntas em louvor a Deus.

Tudo isso e muito mais vêm da mão generosa de "quem da cova redime a tua vida e te coroa de graça e misericórdia; quem farta de bens a tua velhice, de sorte que a tua mocidade se renova como a da águia" (Sl 103.4-5).

"As misericórdias do Senhor são a causa de não sermos consumidos, porque as suas misericórdias não têm fim; renovam-se a cada manhã. Grande é a tua fidelidade" (Lm 3.22-23).

"Bom é render graças ao Senhor e cantar louvores ao teu nome, ó Altíssimo" (Sl 92.1).

48. Dicas para um momento de reflexão

Ter um momento silencioso com o Senhor todos os dias é absolutamente essencial se você espera crescer espiritualmente. Mas é necessário planejamento; esse momento não vai "simplesmente acontecer". Estamos todas muito ocupadas. O início da manhã é melhor, e há muitos precedentes bíblicos para isso (Jesus se levantava "alta madrugada"; o salmista disse: "De manhã, Senhor, ouves a minha voz"). Se você encontrar o Senhor antes de encontrar qualquer outra pessoa, será "apontado na direção correta" para o que vier. Deus sabe como, para algumas de nós, é difícil fazer isso e, se você tiver uma justificativa para ele de que de manhã não funciona, estou certa de que ele a ajudará a encontrar outro momento. Às vezes, a hora da soneca da tarde das crianças pode ser o momento de silêncio para uma mãe. De qualquer forma, planeje esse momento. Tome a decisão de mantê-lo. Comece de forma breve — uns quinze minutos, talvez. Você se surpreenderá ao ver que logo vai querer mais.

Escolha um único livro da Bíblia. Se você é nova nisso, comece pelo Evangelho de Marcos. Ore, primeiro, pelo ensinamento do Espírito Santo. Leia alguns versículos, um parágrafo ou um capítulo. Em seguida, pergunte: O que esta passagem me ensina sobre: (1) Deus, (2) Jesus Cristo, (3) o Espírito Santo, (4) sobre mim mesma,

(5) os pecados a confessar ou evitar, (6) os mandamentos a obedecer e (7) o que é o amor cristão?

Mantenha um caderno. Anote alguns de seus pedidos especiais de oração com as respectivas datas. Registre a resposta quando ela vier. Observe também algumas das respostas que você encontrou para as perguntas acima, ou qualquer outra coisa que tenha aprendido. Diga aos seus filhos, ao seu cônjuge e às suas amigas algumas dessas coisas. Isso ajudará você a se lembrar deles. Você ficará surpresa com a diferença que um momento de reflexão fará em sua vida.

49. Crônica de uma alma

Preenchi um diário de cinco anos, do ensino médio à faculdade, e comecei a escrever diários espirituais em meu último ano na faculdade (1948), e continuo a escrevê-los. São crônicas de crescimento: mental, emocional e espiritual. É espantoso voltar a elas e descobrir que esqueci algumas coisas por completo. A fé é incrivelmente fortalecida quando vemos que, de fato, "por todo o caminho, meu Salvador me conduz", ouve minhas orações, supre minhas necessidades e me ensina sobre si mesmo. Como Deus disse a Israel: "Recordar-te-ás de todo o caminho pelo qual o Senhor, teu Deus, te guiou no deserto estes quarenta anos" (Dt 8.2).

Minha memória é fraca. Um diário é um registro de sua fidelidade (e de minha própria infidelidade também — que me ensina a valorizar sua graça e misericórdia). Se você decidir começar a registrar sua peregrinação, compre um caderno (ou um daqueles belos livros em branco encadernados em tecido florido disponíveis em lojas de presentes e artigos de papelaria) e comece a anotar (não necessariamente todos os dias):

1. Lições aprendidas em suas leituras bíblicas. (Se você anotá-las em um diário em vez de marcar sua Bíblia, encontrará coisas novas sempre que ler a Bíblia, em vez de lê-la influenciado pelas anotações antigas. Vale a pena tentar?)

2. Maneiras de aplicar essas lições em sua própria vida. (Ler seu diário mais tarde revelará respostas a orações que, do contrário, você teria ignorado.)
3. Diálogos com o Senhor. O que você diz a ele e o que ele parece estar dizendo a você sobre algum problema, questão ou necessidade.
4. Citações de sua leitura espiritual além da Bíblia.
5. Orações a partir de letras de hinos que você quer tomar para si mesma.
6. Motivos de gratidão (cuidado: quando você adquire o hábito de registrá-los, a lista sai de controle!)
7. Coisas pelas quais você está orando. Você pode optar por ter um caderno separado para isso, ou um "apêndice" em outra seção do mesmo caderno — anote a data em que uma oração foi feita; a data em que foi respondida, com espaço para *como* foi a resposta, em alguns casos.

Se você tem uma família, insisto que, nessa condição de família, vocês mantenham um caderno de orações. Isso ajudará todos vocês, antes de tudo, a aprender a orar sobre todas as coisas, em vez de apenas falar, se preocupar ou discutir. Também ajudará a serem específicos, a insistirem em seus pedidos diante do Senhor juntos e, em seguida, a anotarem as respostas e darem graças juntos (especialmente quando as respostas não forem aquelas que vocês esperavam).

Como George MacDonald escreveu: "Nenhuma dádiva que não é reconhecida como vinda de Deus está no seu melhor; portanto, muitas coisas que Deus nos daria, coisas das quais até mesmo precisamos, devem esperar até que as peçamos, para que possamos saber de onde vêm: quando em todas as dádivas o encontrarmos, então nele encontraremos tudo".

Onde encontrei a Verdade, aí encontrei o meu Deus, que é a própria Verdade, da qual nunca mais me esqueci, desde o dia em que a conheci... Tarde te amei, ó beleza tão antiga e tão nova! Tarde demais eu te amei! Eis que habitavas dentro de mim e eu te procurava do lado de fora! [...] Tu me chamaste, e teu grito rompeu a minha surdez. Fulguraste e brilhaste e tua luz afugentou a minha cegueira. Espargiste tua fragrância e, respirando-a, suspirei por ti. Eu te saboreei, e agora *tenho fome e sede de ti*. Tu me tocaste, e agora estou ardendo no desejo de tua paz.[8]

---

8 *Confissões*, Santo Agostinho, Col. Patrística, v. 10 (São Paulo: Paulus, 2014), p. 210-211. Grifo do autor.

Aquele que crê em Deus não se preocupa com o amanhã, mas trabalha alegremente e com um grande coração. "Aos seus amados, ele o dá enquanto dormem." Deve trabalhar e vigiar, sem nunca ser preocupado ou ansioso, mas confiar tudo a ele, e viver em tranquilidade serena; e com um coração tranquilo, como alguém que dorme com segurança e tranquilidade.

Martinho Lutero

50. Espera

Esperei confiantemente pelo Senhor; ele se inclinou para mim e me ouviu quando clamei por socorro (Sl 40.1).

Os testes de nossa disposição em esperar pacientemente pelo Senhor vêm quase diariamente para a maioria de nós, imagino. Provavelmente estou entre os servos mais *impacientes* do Senhor, razão pela qual a lição tem de ser revista repetidas vezes. Um teste árduo veio quando a família da minha filha (de dez pessoas) estava à procura de uma casa. O sul da Califórnia não é um lugar bom para realizar essa busca. É uma longa história, mas finalmente, quando todas as outras possibilidades foram esgotadas, uma casa foi encontrada, e uma oferta, feita. Naquela noite, chegou a notícia de que duas outras ofertas, de valores desconhecidos, também haviam sido feitas. Imagens sombrias encheram minha mente: outros certamente ficariam com a casa, os Shepard seriam obrigados a alugar algo e nos disseram que os aluguéis partiam de dois mil dólares mensais (imagine um proprietário disposto a alugar para uma família com oito filhos!).

Espera pelo Senhor, tem bom ânimo, e fortifique-se o teu coração; espera, pois, pelo Senhor (Sl 27.14).

Fiquei acordada nas primeiras horas da madrugada ("quando todas os montinhos da vida se tornam montanhas", como dizia Amy Carmichael), repetindo as Escrituras sobre a fidelidade de Deus, confiando, lançando todas as preocupações e esperando. Tive de oferecer minhas preocupações e minha impaciência. Às quatro, eu estava lendo a história de Abraão e Isaque. Abraão chamou o lugar no qual ele havia oferecido Isaque de "O Senhor proverá". Eu tomei isso como a palavra do Senhor para mim naquela manhã.

Antes das nove horas, meu genro, Walt, ligou para dizer: "Oferta aceita. Outras ofertas, *mais altas*, recusadas". Sem explicação. Aquilo fora obra do Senhor.

Esperar requer paciência — a disposição para aceitar calmamente o que temos ou não, onde estamos ou onde desejamos estar, com quem vivemos ou com quem trabalhamos.

Querer o que não temos é impaciência, por um lado, e também é desconfiar de Deus, por outro. Acaso ele não está no controle pleno de todas as circunstâncias, eventos e condições? Se algo está fora de seu controle, ele não é Deus.

Um espírito de resistência não pode esperar em Deus. Eu acredito que esse espírito é a razão de alguns de nossos maiores sofrimentos. Opor-se à atuação do Senhor *em* e *por meio de* nossos "problemas" só os agrava. É *aqui* e *agora* que devemos conquistar nossas vitórias ou sofrer as derrotas. E as vitórias espirituais são conquistadas na aceitação silenciosa dos eventos comuns, que são os "servos brilhantes" de Deus ao nosso redor.

A inquietude e a impaciência não mudam nada, exceto nossa paz e alegria. A paz não habita nas coisas externas, mas no coração preparado para esperar confiante e silenciosamente naquele que tem todas as coisas seguras em suas mãos. "Deixo-vos a paz, a minha paz vos dou; não vo-la dou como a dá o mundo" (Jo 14.27). Que tipo de paz ele tem para nos dar? Uma paz que era constante no meio do trabalho incessante (com poucos resultados visíveis), interrupções frequentes, demandas impacientes, poucos confortos físicos; uma paz que não foi destruída pelas discussões, a infidelidade e o ódio do povo. Jesus tinha absoluta confiança em seu Pai, cuja vontade ele tinha vindo para cumprir. Nada o tocava sem a permissão de seu Pai. Nada me toca sem a permissão de meu Pai. Não posso, então, esperar pacientemente? Ele mostrará o caminho.

Se estou disposta a me aquietar nas mãos do meu Mestre, não posso aquietar-me em tudo? Ele tem o mundo inteiro em suas mãos! Não importa se as coisas vêm do próprio Deus ou das pessoas — tudo vem por sua ordem ou permissão. Se pretendo ser obediente e submissa ao Senhor porque ele é meu Senhor, não devo esquecer que tudo o que ele permite que aconteça se torna, para mim, sua vontade naquele momento. Talvez seja a ação pecaminosa de outra pessoa, mas, se Deus permite que isso me afete, ele intenta tal coisa para meu aprendizado. A necessidade de esperar é, para mim, uma forma de correção. Deus tem de me acalmar, me fazer calar e esperar nele pelo resultado.

> Sua mensagem para mim todos os dias
> É esperar, aquietar, confiar e obedecer.

E isso me leva à questão do aconselhamento. Ao voltar de uma viagem à Inglaterra, encontrei uma pilha de correspondências; tantas cartas me consultando sobre o que fazer em relação a coisas, como, por exemplo, o espírito crítico de uma esposa, desemprego, uma esposa que havia abandonado marido e filhos, uma mãe solteira fazendo um trabalho que odeia, um marido infiel, uma mulher (que me diz que está cheia do Espírito) tendo um caso com seu pastor, um fazendeiro que gostaria de ter uma esposa, uma sogra que é desagradável com sua nora, um enteado que está com raiva porque "não gastamos dinheiro suficiente com seus filhos", uma esposa que se irrita com o marido sempre que ele tenta se aconchegar e um marido que "bebe como um peixe, xinga como um marinheiro e diz que ama a Deus".

Gostaria de poder escrever a mesma mensagem a todas: Esperem confiantemente pelo Senhor. Ele se inclinará a você e ouvirá seu clamor. É incrível como as coisas se tornam claras quando nos *aquietamos* diante dele, não nos queixando nem insistindo em respostas rápidas, apenas procurando ouvir sua palavra na quietude e ver as coisas com sua visão. Poucos estão dispostos a receber esse tipo de resposta. "É simplista demais", essa é a objeção. Uma ouvinte do meu programa de rádio, *Gateway to Joy*, escreveu: "Fiquei tão chateada com o que você estava dizendo que arranquei os fones de ouvido e disse: 'Vou fazer o que quero fazer!'". Mas há aquelas pessoas que conseguem dizer: "Este é o SENHOR, a quem aguardávamos; na sua salvação exultaremos e nos alegraremos" (Is 25.9). Aqui estão dois testemunhos:

> Perdi minha mãe, meu irmão, meu marido e meu bebê. Minha canção é *Mais amor para ti, ó Cristo*.

> Deus juntou os restos e nos fez inteiros — uma mulher inteira, um homem inteiro, um casamento inteiro.

51. Cães-pastores de Deus

De uma amiga cujo filho, de dois anos e meio de idade, teve de fazer uma cirurgia para retirar um cisto (sempre um sinal preocupante):

> O cisto era benigno! Estamos muito gratos! Colocamos o Senhor diante de nós, não seremos abalados pelo viver da vida. Nosso objetivo não é estarmos confortáveis e que tudo saia bem, mas sermos piedosos e causar impacto em nosso mundo moribundo e em seus valores [...]. Que Deus continue a refinar sua mensagem de vida enquanto ele te guarda da soberba; que ela não te domine (Sl 19.13). Barrett (meu filho) memorizou Gênesis 4.7 e, ao enfrentar a tentação, ele cita o versículo. Ele está aprendendo a fazer escolhas sábias e a ser obediente [...]. Não poupamos a vara nele, mas realmente funcionou. Ele diz: "A vara afasta minha tolice".

A carta chegou no mesmo dia em que eu estava lendo *Everyday Religion* [Religião cotidiana] de Hannah Whitall Smith. Ela cita George MacDonald. Suas palavras iluminam o que a mãe de Barrett escreveu:

> O homem tem uma reivindicação diante de Deus, uma reivindicação divina por qualquer dor, desejo, decepção ou miséria que o ajude a ser o que deveria ser. Ele tem uma reivindicação para ser punido, e não ser poupado sequer a uma pontada que possa impeli-lo ao arrependimento; sim, ele tem a reivindicação de ser compelido a se arrepender; de ser cercado por todos

os lados, de ter cada um dos cães-pastores fortes e ferozes do Grande Pastor enviados atrás dele, com o fim de frustrá-lo em qualquer desejo, de frustrá-lo em qualquer plano, de frustrá-lo de qualquer esperança, até que ele, por fim, veja que nada aliviará sua dor, nada tornará a vida algo que vale a pena ter, exceto a presença do Deus vivo dentro dele; que nada é bom, exceto a vontade de Deus; que nada é suficientemente nobre para o desejo do coração do homem, exceto a unidade com o eterno. Para isso, Deus deve fazê-lo entregar seu próprio ser, para que ele mesmo possa entrar e habitar com ele.

52. Boas maneiras

Falando com um grupo de seminaristas, mencionei que, com frequência, as regras de boas maneiras são ignoradas hoje em dia, especialmente por aquelas pessoas que cresceram nas últimas duas décadas, uma época em que todas as convenções e tradições eram suspeitas. A expressão "mera convenção" passou a significar "pura hipocrisia". Se uma coisa era rotulada como "tradicional", teria de ser descartada como não mais "relevante", "significativa" ou mesmo inteligente. Se um homem cometesse a temeridade de segurar uma porta aberta para uma mulher, seria rotulado como "sexista". Ao trazer à tona o assunto das boas maneiras, meu objetivo era apenas demonstrar esse princípio profundo e central para nossa fé cristã, de "minha vida pela sua". Eu perguntei se algum dos maridos na sala tinha o hábito de ajudar suas esposas a sentar em suas cadeiras à mesa, mesmo quando estavam a sós. Uma semana depois, um dos homens me parou no corredor do seminário.

"Só quero dizer que meu comportamento em relação à minha esposa foi alterado desde a palestra da semana passada. E sabe de uma coisa? Mudou minha disposição em relação a ela, assim como a dela em relação a mim. Tem sido realmente revelador! Só queria agradecer."

Senti-me imensamente animada. É sempre animador saber que alguém tem ouvidos para ouvir, e realmente faz algo a respeito do que ouviu.

53. Interrupções, atrasos, inconveniências

Emily, esposa do primeiro missionário americano no exterior, Adoniram Judson, escreveu para casa quando estava em Moulmein, na Birmânia, em janeiro de 1847:

> Cuidar de bebês com os dentes crescendo, ensinar os nativos a remendar meias e falar inglês, acima de tudo [...]. Obter um jantar comestível é realmente um trabalho muito estranho para Fanny Forester [seu pseudônimo — ela era uma escritora bem conhecida na Nova Inglaterra antes de se casar com Judson] [...]. Mas começo a me reconciliar com meus cuidados minuciosos.

Essa mulher tinha ambição por "coisas maiores e melhores", mas foi capaz de aprender que "a pessoa que quer realizar bem coisas grandiosas deve praticar diariamente nas pequenas; e quem deseja contar com a ajuda do Todo-Poderoso em grandes realizações deve estar acostumado, a cada dia e a cada hora, a consultar sua vontade nos assuntos menores da vida".

Cerca de oitenta anos atrás, quando James O. Fraser estava trabalhando como missionário solitário em Tengyueh, no sudoeste da China, sua situação ia, "em todos os sentidos, contra a maré". Ele não gostava de arrumar a casa e cuidar das instalações. Ele achava o criado irritadiço e sensível, discutindo constantemente com o cozinheiro. Infinitas pequenas questões de negócios atrapalhavam o tempo que ele queria dedicar ao estudo da linguagem, e ele precisava aprender a ser "perpetuamente inconveniente" por causa do evangelho. Após algumas semanas sozinho, ele escreveu:

> Estou descobrindo que é um erro planejar cumprir determinada quantidade de tarefas em um tempo determinado. Isso sempre resulta em decepção, além de não ser o caminho certo a seguir, segundo entendo. Isso torna a pessoa impaciente diante das interrupções e dos atrasos. No exato instante em que você está quase terminando, alguém vem se sentar ao seu lado para conversar! Você dificilmente consegue pensar na possibilidade de ser impaciente quando surge a oportunidade de apresentar o Evangelho — mas é. Pode ser exatamente na hora da refeição, ou você está escrevendo uma carta para levar ao correio, ou estava apenas de saída para o exercício necessário antes do chá. Mas o visitante deve ser bem-vindo, e acho que é bom cultivar uma disposição de espírito que permita recebê-lo de todo o coração e a qualquer momento. A mensagem "Entrada proibida, exceto para negócios" dificilmente mostra um verdadeiro espírito missionário.

Não há nada como as biografias de grandes cristãos para nos dar perspectiva e nos ajudar a manter o equilíbrio espiritual. Esses dois, especificamente, merecem ser lidos. J. O. Fraser inspirou tanto Jim Elliot, meu primeiro marido, com uma visão missionária que Jim planejou dar o nome dele ao seu primeiro filho.

Mais uma citação, agora de um livro esgotado, *The Life and Letters of Janet Erskine Stuart* [A vida e as cartas de Janet Erskine

Stuart]. Estas são as palavras de alguém que foi sua assistente por alguns anos:

> Ela ficava encantada ao ver seu plano perturbado por eventos inesperados, dizendo que isso lhe dava grande conforto, e que ela olhava para coisas assim como uma garantia de que Deus estava cuidando de sua mordomia, estava assegurando a realização de sua vontade e implementando seus próprios projetos. Quer as causas secundárias estivessem relacionadas à oração de uma criança, à imperfeição de um indivíduo, aos obstáculos decorrentes de mal-entendidos ou à interferência de agentes externos, ela sempre estava alegre e graciosamente pronta para reconhecer a indicação da mão soberana de Deus e para se deixar guiar por ela.

54. Minha vida pela sua

Há cerca de dez anos, uma jovem canadense sentou-se na sala de reuniões da Universidade de Illinois, em Urbana, com dezessete mil outros estudantes que participavam da Convenção Missionária da InterVarsity. Ela se emocionou com o canto dos grandes hinos, liderados por Bernie Smith. Ela ouviu os preletores. "Lembro-me da incrível emoção e do desejo de conhecer e servir a Deus que experimentei naquele momento. Agora, que já percorri águas profundas, sinto-me obrigada a escrever para você", disse na carta que me enviou. Ela havia lido dois dos meus livros pouco antes da Convenção, e eu estava entre os palestrantes. Outra palestrante foi Helen Roseveare, autora de *Give me This Mountain* [Dê-me esta montanha] e de outros livros. Na época, Barbara ficou especialmente comovida com o pensamento do custo de declarar a glória de Deus. Sua carta me contou essa história.

Três anos depois de Urbana, ela se casou com Gerry Fuller, "um homem maravilhoso que demonstrava zelo por Cristo, paixão pelas almas, grande compaixão pelos feridos e perdidos que precisavam conhecer o amor curativo de Jesus Cristo". Após o seminário e um ministério com estudantes, ele se tornou capelão prisional e missionário urbano. Então, casou-se com Barbara e, juntos, trabalharam em Saint John, New Brunswick, com população jovem que vivia nas ruas, ex-detentos e usuários de cola.

Em dado momento, Barbara via Gerry buscando o Senhor com tamanha intensidade que a fez questionar seu próprio compromisso com Cristo. Ela estava preparada para morrer para si mesma como ele? O que a fazia orar como ele orava — pelo menos uma vez por semana até as quatro da manhã? Seu próprio amor pelo Senhor era tão profundo quanto o dele, ou talvez fosse ofuscado por seu amor pelo marido?

Gerry tinha um sobrinho chamado Gary, "um rapaz quieto, com uma natureza artística e detentor de talentos que haviam sido sufocados em sua infância, o que o deixara bastante inseguro e indisciplinado". Ele não conseguia manter-se em um emprego e se envolveu em problemas com a lei. Quando alguns parentes consentiram que ele usasse sua casa de campo, um chalé vizinho foi invadido. O proprietário ligou para Gerry para dizer que sua arma havia sido levada; Gary era o principal suspeito, mas eles não queriam chamar a polícia antes de falarem com Gerry.

Gerry estava "apavorado", mas sabia o que tinha de fazer no dia seguinte: depositar toda a sua confiança em Deus, ir até a casa de campo e tentar convencer o sobrinho a se entregar. Ele e Barbara foram para a cama.

Na manhã seguinte, quando oraram juntos, ele pediu ao Espírito Santo especialmente para fortalecer Barbara na criação dos pequenos Josh e Ben. Ela deveria ir junto para ver Gary? Ela se sentiu aliviada ao ouvir a resposta: não. "Se algo acontecesse com ele, as crianças precisariam de mim", esse foi o pensamento que veio à mente dela.

Gerry disse adeus. Barbara jejuou, orou, cuidou dos meninos, trabalhou no jardim, esperou. E esperou ao longo de todo o dia. Ele não apareceu. Bem, Gerry sempre se atrasava para tudo. Sem dúvida, eles estavam em uma conversa profunda. Ele tinha tentado tantas vezes ajudar Gary. Senhor, ajude-o agora.

Enfim, o barulho de um carro. Então, Barbara, ansiosamente, ergueu os olhos por trás dos arbustos. Era a Real Polícia Montada Canadense. Ela congelou, depois caiu no chão chorando. Gerry estava morto. Mas, olhando para os rostos confusos de seus filhos, de quatro e dois anos, ela se recompôs, pegou suas pequenas mãos e disse a eles que papai estava com Jesus e que não o veriam novamente por muito tempo. "Daquele momento em diante, tive a sensação de ser carregada por todo o evento, como se fosse um sonho. Deus me cercou com sua presença e o sentimento dominante de que 'estava tudo bem'. Eu sabia que ele estava no comando."

O assassinato foi um ato deliberado. Gary está cumprindo prisão perpétua em uma penitenciária com outras pessoas que foram levadas a Cristo através do testemunho de Gerry. Eles amavam Gerry, mas, por amor ao seu Senhor, perdoaram seu assassino. Várias vidas foram mudadas como resultado de seu testemunho, mas, "apesar das coisas boas que vieram de sua morte, há sempre a pergunta: por quê?", escreve Barbara. "Como você diz, devemos deixar Deus ser Deus. É difícil explicar, no entanto, a um menininho de três anos, abatido, quando ele lamenta: "Estou com saudades do papai!".

> Uma das minhas maiores bênçãos e confortos veio como uma surpresa cerca de seis semanas após a morte do meu marido, quando descobri que estava grávida de um bebê concebido na véspera de sua partida. E, como o Senhor faz tudo em seu tempo perfeito, fui presenteada com uma linda criança no domingo de Páscoa — a garota pela qual eu orava. Seu nome é Marah Grace e, pela graça de Deus, ela transformou em doces minhas águas amargas.

As pessoas dizem que sou corajosa, mas não vejo qualquer grande bravura em passar por experiências difíceis na vida. Deus é quem nos fortalece *no momento* para as coisas que devemos enfrentar. Meu maior medo era perder Gerry, mas, quando chegou a hora, Deus me tomou como um grande pássaro e me carregou em asas de águias acima da tempestade.

Então, essa é a minha história. Eu queria compartilhar isso com você — sinto-me um pouco parecida com você. Meu marido foi em obediência a Deus, bem ciente do perigo, e deu sua vida por amor a Cristo. Minha tarefa é seguir esse exemplo e incutir em meus filhos os valores que Gerry e eu compartilhamos: o valor supremo de conhecer Jesus Cristo e de servir a ele com todo o nosso ser.

Obrigada, querida Barbara, por ser mais uma testemunha fiel de um Senhor totalmente fiel e soberano. Como Jim Elliot, Gerry sabia que "não é tolo aquele que dá o que não pode manter para ganhar o que ele não pode perder". Ele teria entendido o lema da Guarda Costeira: "Você tem de sair, você não tem de voltar".

55. Visita a Dohnavur

Como fui convidada a escrever uma nova biografia sobre Amy Carmichael, de Dohnavur, Lars e eu visitamos a obra que ela fundou no sul da Índia. Chegamos em seu dia de oração mensal, a tempo de participar da reunião noturna. A Casa de Oração é um belo edifício em terracota com telhas vermelhas e uma torre que abrigam sinos que tocam um hino às 06:00 e às 21:00. Não há móveis lá dentro, exceto algumas cadeiras para os mais velhos e estrangeiros alquebrados, como nós, que não estão acostumados a sentar no chão. Todos entraram em perfeito silêncio, os pés descalços se movendo silenciosamente sobre pisos de azulejos vermelhos polidos, e se sentaram em fileiras de acordo com a idade, os pequenos na frente, trajando roupas de algodão em cores brilhantes. Atrás deles, sentava-se o grupo etário seguinte, meninas usando saias e blusas, depois vinham as de saias, blusas e meios-sáris, finalmente os *accals* (os mais velhos que cuidam dos mais jovens) em sáris azuis, roxos e verdes. Todos tinham cabelos pretos oleosos suavemente penteados, muitos deles enfeitados com flores. Um homem indiano tocou o pequeno harmônio enquanto eles entoavam vários hinos tradicionais em inglês, bem como canções escritas por "Amma" (o termo tamil de respeito, usado em relação a Amy Carmichael). As Escrituras foram lidas, depois uma oração de agradecimento pela nova criança que acabara de chegar, uma garotinha de dois anos cuja mãe não podia ficar com ela. Sua nova mãe, uma *accal*, levou-a até a plataforma e ficou segurando-a enquanto eles oravam e depois cantavam "Jesus me ama".

Em outro culto na Casa de Oração, Lars e eu nos sentamos na minúscula varanda que conduz até a torre. Ficamos observando, lá de cima, aquela cena encantadora, agora ainda mais bela porque as crianças menores haviam recebido bandeiras coloridas para agitar conforme a melodia de certas músicas, um costume instituído por Amma que eu acho que deveria ser adotado por todas as escolas dominicais e igrejas, pois permite que os menores participem fazendo algo, mesmo quando são jovens demais para saber as palavras de cor. Os mais velhos tocavam pandeiros, triângulos e sinos, enquanto um deles tamborilava suavemente com uma aba de couro na boca de uma panela de barro.

Fui autorizada a usar o quarto de Amma para os momentos de leitura e escrita. Chamado de Sala de Paz, é um cômodo espaçoso, com tetos altos e pisos de azulejos, muitas portas e janelas que se abrem para uma varanda em três lados onde há uma grande gaiola para pássaros. Um corredor de tijolos leva da varanda a uma plataforma sob as árvores, onde, após o acidente que a incapacitou para o resto de sua vida, Amy Carmichael costumava ser levada para se sentar no frescor da noite. Estantes com portas de vidro, cheias de seus amados livros, estão dispostas ao redor das paredes da sala. Acima, as pinturas de picos nevados do dr. Howard Somervell, um amigo seu famoso por ter subido o Everest. Há frases esculpidas e pintadas à mão em madeira: "Boa, perfeita e agradável" (referindo-se à lição que ela considerava tão difícil aprender após o acidente, relativa à aceitação da vontade de Deus), "Socorro bem presente", "Por alguém que ama, outro é aquecido" (Santo Agostinho) e, a maior de todas, em letras azuis insculpidas em madeira teca: "Deus não nos deu espírito de medo". Também nas paredes há uma cabeça de tigre afixada, um relógio de pêndulo e uma das poucas fotografias feitas de Amma.

Naquela Sala de Paz, eu estava feliz por não estar usando sapatos (ninguém usa sapatos nas casas de Dohnavur) — parecia solo sagrado enquanto eu estudava as anotações à margem e sublinhadas de seus livros favoritos, lia os cadernos escritos à mão nos quais ela explicava aos membros da Irmandade Dohnavur o "padrão mostrado", os princípios e as práticas que o Senhor lhe dera no início de seu trabalho. Folheei livros de contabilidade comidos por traças, recortes, fotografias; documentos inestimáveis que traçam a história do dia a dia de uma tarefa aceita e realizada para o Senhor, o resgate de meninas da prostituição no templo e de meninos de sociedades dramáticas nas quais eles eram usados para fins malignos. Nos últimos anos, o trabalho incluiu crianças que tinham outros tipos de necessidade.

O testemunho mais poderoso da qualidade do serviço prestado por Amma é visto nos homens e mulheres indianos que lá foram criados e que permaneceram para dar suas vidas por outras pessoas. Pungaja, por exemplo, vive no complexo chamado "Lugar de Amor", onde alguns dos portadores com deficiência mental são cuidados. Aqui está seu relato:

> Não tenho formação profissional. O Espírito Santo me dá nova sabedoria a cada dia para lidar com eles. Alguns são como animais selvagens, mas o próprio Senhor é meu ajudante. Não enxergo de um lado, mas mesmo na minha fraqueza ele me ajudou. Primeira Coríntios diz que Deus escolheu as coisas fracas do mundo para confundir as poderosas, para que nenhuma carne se glorie em sua presença.
>
> Um dia, fui até Amma com o coração sobrecarregado, mas, quando ela me abraçou, toda a minha tristeza se foi.
>
> "O que está fazendo?", perguntou Amma. Eu disse a ela.

"Você acha difícil?" Respondi a ela que sim.

"Estes são como anos de serviço militar", disse ela.

"Agora é minha alegria servir a essas pessoas tão difíceis."

Ela falava baixinho, olhando para o pátio no qual alguns deles iam e voltavam. Ela havia perdido um olho na infância, e seu rosto revelava sofrimento, mas eu vi a alegria que ela falava registrada ali, a alegria de uma vida tranquila. Em Dohnavur, vi isso em muitos rostos. Eles não reclamam de não haver distrações, nenhum lugar para ir, nenhuma folga (exceto duas semanas por ano — perguntei sobre isso). Eles fazem seu trabalho para aquele que não veio para ser servido.

Fomos embora tomados de emoção, pensando nas próprias palavras de Amma de seu pequeno livro *If* [Se]: "... então não sei nada sobre o amor do Calvário". O significado do sacrifício vivo, o grão de trigo, a vida crucificada, tudo isso nos foi mostrado em carne e sangue no século XX.

Nem volte com medo e desconfiança para o passado, nem vá em ansiedade e previsão para o futuro; mas mantenha-se tranquilo sob a mão dele, não tendo nenhuma vontade além da dele.

H. E. Manning

56. Arrependimentos

Quando meu pai tinha 12 anos, perdeu o olho esquerdo por desobediência. Ele tinha sido proibido de manipular bombinhas, mas fugiu, no início da manhã de 4 de julho de 1910, e, com a ajuda de um fazendeiro vizinho, disparou algumas cápsulas de dinamite. Um pedaço de cobre entrou em seu olho.

Quatro anos depois, meu avô escreveu a seguinte carta à minha avó:

> Querida:
>
> Não estou nem um pouco surpreso que, depois de todas as nossas experiências dos últimos quatro anos, você sofra de lembranças tristes, mas realmente não acredito, nem por um momento sequer, que você sinta que tenha qualquer ocasião para deixar o remorso atingir sua vida por causa do acidente de Philip. Certamente *não* podemos nos proteger contra todas as contingências desta vida complexa, e ninguém que derramou a vida da forma como você derramou por cada um de seus filhos deve deixar arrependimentos dessa natureza tomarem conta de sua vida.
>
> Nenhum de nós poderia estar vivo para as necessidades prementes de hoje se carregássemos conosco o peso sombrio de *qualquer* passado, real ou imaginário. Eu sei, querida, que seu Senhor não deseja nada desse tipo para você, e acredito que sua fé firme, brilhante e triunfante a levará, por meio dele, para as experiências mais ricas que você já teve. *Creio* firmemente nisso.

Hoje, tive de recorrer a ele, em desespero, para superar a depressão decorrente de meus fracassos. Meu fiasco na Escola Dominical em Swarthmore tem sido pesado para mim. Mas isso *não está certo*. Devo olhar para a frente e para o alto, como você sempre diz, e *vou fazer isso*. Sei como o remorso é repugnante, tanto quanto alguém pode saber; mas também conheço, como você, o auxílio e o alívio de entregar todo o assunto a ele. Devemos orar e estudar mais juntos, querida. Eu não segui os impulsos que tive tantas vezes a esse respeito.

Com amor, seu Phil.

Meu avô era o homem mais alegre e sereno que conheci em minha infância. Para mim, é difícil imaginar que ele teve qualquer motivo para remorso ou tentação à depressão. Essa carta, que leva um selo de dois centavos e um carimbo postal da Filadélfia, foi enviada para a vovó em Franconia, New Hampshire, onde tinham uma linda casa de férias. Em minha infância, eu passava o verão naquela casa. Posso imaginá-la sentada na varanda, talvez no aniversário do acidente de seu filho, olhando para os Montes Lafayette, Bald e Cannon, lutando contra os terríveis pensamentos de seu próprio descuido e fracasso. Agradeço a Deus por minha herança. Agradeço pela palavra de Paulo, seu servo fiel: "uma coisa faço: esquecendo-me das coisas que para trás ficam e avançando para as que diante de mim estão, prossigo para o alvo, para o prêmio da soberana vocação de Deus em Cristo Jesus" (Fp 3.13-14).

57. Quietude

Lua cheia sobre um mar prateado, lançando em relevo afiado as rochas iluminadas. Sentei-me na antiga cadeira de balanço perto da janela, uma xícara de Postum[9] quente na mão, fascinada pela ondulação de grandes faixas de espuma no oceano, quase fluorescentes à luz do luar.

Quietude. Quietude perfeita. É uma grande dádiva, nem sempre disponível àqueles que mais a apreciariam e encontrariam alegria nela, e muitas vezes não apreciada por aqueles que a têm, mas se sentem desconfortáveis com ela. Em muitos lugares, o ruído externo é inevitável: tráfego terrestre e aéreo, sirenes, buzinas, motosserras, vozes altas e, talvez o pior de tudo, rock em alto som, com uma amplificação tão estrondosa que faz o próprio chão estremecer.

Acredito na possibilidade de *aprender* a quietude — mas apenas se ela for seriamente buscada. Deus nos diz: "Aquietai-vos e sabei que eu sou Deus" (Sl 46.10). "Em vos converterdes e em sossegardes, está a vossa salvação; na tranquilidade e na confiança, a vossa força" (Is 30.15).

A quietude na qual encontramos Deus não é superficial, uma mera ausência de inquietação ou de conversa. É uma atenção deliberada e silenciosa — receptiva, alerta, pronta. Penso no que Jim Elliot escreveu em seu diário: "Onde você estiver, esteja *totalmente lá*. Viva plenamente todas as situações que você crê serem a vontade de Deus".

Isso não é tão difícil, talvez, para um fã de esportes, alguém que tem os olhos vidrados no jogo. Para mim, no entanto, essa quietude

---

9 N. T.: Bebida feita de grãos torrados, consumida, em geral, em substituição ao café.

na presença de Deus, esse estar "totalmente lá" para ele, embora eu valorize e anseie por isso, não é fácil de manter, mesmo no belo lugar onde moro. Eu me distraio com muita facilidade; mais ainda, ao que parece, quando tento me concentrar no próprio Deus e em nada mais. Por que tem de ser assim? Acho que C. S. Lewis acerta em cheio em *Cartas de um diabo a seu aprendiz*, a pretensa correspondência entre Maldanado, subsecretário do diabo, e seu sobrinho, Vermelindo, instruindo-o sobre as melhores maneiras para tentar os seguidores do Inimigo, Deus:

> Meu querido Vermelindo:
> Música e silêncio — como eu detesto ambos! Deveríamos ser gratos pelo fato de que, desde que o Nosso Pai entrou no Inferno — embora isso tenha acontecido bem antes do que os humanos, contando em anos-luz, poderiam imaginar —, nenhum milímetro quadrado sequer do Inferno e nenhum momento do tempo do Inferno sucumbiram a qualquer uma dessas forças abomináveis; tudo foi ocupado pelo barulho — barulho, o grande dinamismo, a expressão audível de tudo o que é eufórico, brutal e viril —, o barulho que nos defende dos remorsos tolos, dos escrúpulos desesperadores e dos desejos impossíveis. Vamos acabar tornando o universo todo uma barulheira infernal. Já demos enormes passos nessa direção no que diz respeito à Terra. No fim de tudo, o barulho vai calar as melodias e os silêncios do Céu. Mas admito que ainda não somos barulhentos o bastante, ou algo que chegue perto disso. A pesquisa está em franco progresso.[10]

---

10 C. S. Lewis, *Cartas de um diabo a seu aprendiz* (Rio de Janeiro: Thomas Nelson Brasil, 2017), p. 98.

C. S. Lewis morreu em 1963. A pesquisa na produção de ruídos tem feito progressos consideráveis desde então, não acha? Para aprender a quietude, devemos resistir ao nosso antigo inimigo, cujos engenho e poder são grandes, e que está armado com ódio cruel. Há, porém, alguém muito maior ao nosso lado. Sua voz trouxe quietude aos ventos ferozes e às ondas selvagens, e ele certamente nos ajudará se nos colocarmos com firmeza e determinação em sua presença: "Eis-me aqui, Senhor. Estou ouvindo". Se nenhuma palavra parece vir, lembre-se: "Bom é aguardar a salvação do Senhor, e isso, em silêncio"; e "é bom esperar em silêncio pela salvação do Senhor" e "Se ele aquietar-se, quem o condenará?" (Lm 3.26; Jó 34.29).

O silêncio é uma forma de adoração. Quando o sétimo selo foi aberto (no Apocalipse de João), houve silêncio no céu por meia hora. O que aconteceria em nossas casas se tentássemos nos preparar para esses silêncios celestiais tendo apenas meia hora sem nenhuma porta batendo, nenhuma TV, nenhum rádio ou vídeo, e um mínimo de conversa, em voz baixa? Não seria também algo tranquilizador apenas praticar a quietude da ausência de *movimento*? Meu pai, em geral, nos incentivava a tentar fazer isso de vez em quando. Por que não experimentar um dia de quietude ou mesmo uma semana tranquila sem os ruídos habituais? Isso pode abrir visões da vida espiritual até então fechadas, uma profundidade de comunhão com o Senhor impossível onde não há nada além de barulho. Deus parece ausente? Sim, para a maioria de nós, às vezes parece. Mas, mesmo em momentos tais, acaso não podemos simplesmente nos aquietar diante dele, confiando que ele interpreta a perplexidade que não conseguimos expressar em palavras?

Seção três
CHAMADOS E COMPROMETIDOS

Se apenas permitires que Deus te guie,
E esperares que ele lance todos os teus caminhos,
Ele dará a força, o que quer que seja necessário,
E te carregará nos dias maus;
Quem confia no amor imutável de Deus
Constrói sobre a rocha que nada pode mover.

Obedece, coração inquieto, aquieta-te
E espera em alegre esperança, contente
Em receber o que sua graciosa vontade,
Seu amor que tudo discerne, te enviar;
Nem duvide de que nossos desejos mais íntimos são conhecidos
Por aquele que nos escolheu para si.

Canta, ora e não te afasta dos caminhos dele;
Mas faze fielmente a tua parte.
Confia em suas ricas promessas de graça,
Para que se cumpram em ti.
Deus jamais abandonou em necessidade
A alma que realmente confiou nele. Amém.

George Neumark,
Hinário InterVarsity

58. Discernindo o chamado de Deus

Quando eu era uma garotinha, amava especialmente a história do chamado de Deus para o menino Samuel enquanto ele dormia no templo. Imaginava se Deus também me chamaria. Será que eu o ouviria? O que ele diria? Ao longo de meus anos de crescimento, li histórias sobre missões e as ouvi sendo contadas em nossa mesa de jantar por convidados de muitas terras que vinham hospedar-se conosco. Eu estava sempre ansiosa para saber como eles haviam sido chamados. Como universitária, eu me preocupava se falharia em seguir o Pastor, se seria surda ao seu chamado. E considerava esse assunto muito desconcertante.

Essa não é mais uma preocupação. A experiência me ensinou que o Pastor está muito mais disposto a mostrar às suas ovelhas o caminho do que as ovelhas estão dispostas a segui-lo. Ele é infinitamente misericordioso, paciente, terno e amoroso. Se nós, suas ovelhas estúpidas e rebeldes, realmente quisermos ser guiadas, seremos guiadas sem erro. Disso, estou certa.

Quando precisamos de ajuda, nosso desejo é conhecer alguém que é suficientemente sábio para nos dizer o que fazer, acessível quando precisamos dele e até mesmo capaz de nos ajudar. *Deus é.* Onisciente, onipresente, onipotente — tudo aquilo de que precisamos. A questão é a confiança no próprio Pastor, uma confiança tão completa que oferecemos a nós mesmas sem qualquer reserva e nos determinamos a fazer o que ele diz.

E o que ele *diz*? Mas como vou saber isso?

Ele nos chama todos os dias, "sobre o tumulto do mar selvagem e agitado de nossa vida". Ele vem até nós nas pequenas coisas, nos deveres ordinários que nosso lugar na vida envolve. Quando eu era criança, ele me chamou. O dever que meu lugar na vida implicava era a obediência aos meus pais. Na escola e na Escola Dominical, ele me chamava por intermédio da professora. O que ela dizia, eu sabia que deveria fazer. Na primeira série (sim, na escola pública), cantávamos o hino "Pai, te agradecemos". A segunda estrofe diz: "Ajude-nos a fazer as coisas que devemos, a ser gentis e bons para os outros, em tudo o que fazemos no trabalho ou nas brincadeiras, para que nos tornemos mais amorosos a cada dia". O chamado de Deus de novo.

É atraente pensar em nossa própria situação como muito complexa e em nós mesmas como pessoas profundas e complexas, de modo que desperdiçamos muito tempo intrigadas com "a vontade de Deus". Com frequência, nossa consciência tem a resposta.

Meu amigo Jim O'Donnell conta como ele, um homem mundano de cabeça e coração duros, encontrou Cristo. Sua consciência foi despertada. O chamado de Deus foi imediato: "Vá para casa e ame sua esposa". A mudança foi tão repentina e tão radical que Lizzie não conseguiu compreender o que havia acontecido com ele. Esse homem autoconfiante e autocentrado havia deixado de viver para si mesmo. Ele havia *morrido*. Sua vida era totalmente nova. A primeira diferença a aparecer era a que mais importava — em sua vida privada. Foi lá que ele começou a obedecer.

Não estamos falando aqui de vozes audíveis. Embora, nos tempos da Bíblia, as pessoas muitas vezes tenham ouvido Deus falar, podemos esperar que ele geralmente fale hoje através da consciência, através da Palavra escrita, através de outras pessoas e através de eventos. Os próprios eventos aparentemente insignificantes de cada dia revelam a vontade de Deus. Eles *são* a vontade de Deus para nós, pois, enquanto vivemos, nos movemos e existimos aqui na terra, neste lugar, nesta família, nesta casa, neste trabalho, vivemos, nos movemos e existimos em Deus. Ele "puxa as cordas através das circunstâncias", como dizia Jim Elliot, até mesmo nas circunstâncias ruins (veja Gn 45.8; 50.20).

Três perguntas podem ajudar a esclarecer o chamado de Deus. Já decidi fazer o que ele diz, custe o que custar? Estou lendo fielmente sua Palavra e orando? Sou obediente no que sei hoje sobre a sua vontade?

> Faze-me ouvir, pela manhã, da tua graça, pois em ti confio; mostra-me o caminho por onde devo andar, porque a ti elevo a minha alma (Sl 143.8).

59. Como descobrir o que Deus quer

Uma jovem, em grande perplexidade, foi até um pregador escocês para perguntar como ela poderia resolver a questão de seus próprios desejos quando, aparentemente, estavam em tamanha contradição com a vontade de Deus. Ele pegou um pedaço de papel, anotou duas palavras, entregou a ela com o pedido de que se sentasse por dez minutos, refletisse sobre as palavras, riscasse uma delas e trouxesse o papel de volta para ele. Ela se sentou e leu: *Não, Senhor*. Qual das duas riscar? Não demorou muito para entender que, se ela estava dizendo *não*, não podia dizer *Senhor*; e, se ela queria chamá-lo de *Senhor*, não podia dizer *não*.

Nenhuma questão surge com mais frequência que essa entre os jovens cristãos que enfrentam o que parecem ser opções ilimitadas, ou seja, como descobrir o que Deus quer que eles façam. O que, exatamente, é o chamado de alguém?

Existem duas condições bastante simples para descobrir a vontade de Deus. Paulo as declara nitidamente em sua carta aos Romanos, capítulo 12. A primeira está no versículo 1: "apresenteis o vosso corpo por sacrifício vivo, santo e agradável a Deus". A forma de começar é colocar-se total e incondicionalmente à disposição de Deus. Você diz: *sim, Senhor*. Você entrega todos os direitos desde o início. Uma vez que isso esteja resolvido, você pode passar para a segunda, no versículo 2: "E não vos conformeis com este século, mas transformai-vos pela renovação da vossa mente". Eu disse que as condições eram simples, mas não que eram fáceis. Trocar um *não, Senhor* por um *sim, Senhor* tem sido algo muitas vezes doloroso para mim. Mas eu quero ter uma "mente nova" — uma mente que tire suas orientações da Palavra de Deus, não dos meios de comunicação de massa. Oro por uma visão clara para enxergar através do nevoeiro da opinião popular, e por uma vontade suficientemente forte para suportar as correntes — uma vontade rendida, depositada junto à de Cristo. Ele é meu modelo. Isso significa um conjunto diferente de ambições, uma definição diferente de felicidade, um padrão diferente de julgamento. O comportamento mudará — e muito provavelmente mudará o suficiente para me fazer parecer um pouco estranha; mas, afinal de contas, também meu Mestre foi considerado muito estranho.

Paulo diz ainda que essas são as condições "para que experimenteis qual seja a boa, agradável e perfeita vontade de Deus". Não causa admiração que cocemos nossas cabeças e perguntemos: "Qual é o segredo para conhecer a vontade de Deus?". Não começamos pelo lugar certo — a oferta desse sacrifício abrangente, nossos próprios corpos e, em seguida, a recusa resoluta dos valores do mundo.

> Faze-me, SENHOR, conhecer os teus caminhos,
> Ensina-me as tuas veredas.
> Guia-me na tua verdade e ensina-me,
> Pois tu és o Deus da minha salvação,
> Em quem eu espero todo o dia (Sl 25.4, 5).

> Quando não podemos ver o nosso caminho
> Vamos confiar e ainda obedecer;
> Aquele que nos manda ir adiante

Não falhará em mostrar para onde seguir.
Embora o mar seja profundo e largo,
Embora uma passagem pareça negada,
Ainda assim, destemidos vamos prosseguir,
Desde que o Senhor assegure a liderança (Anônimo).

Ao homem que teme ao SENHOR, ele o instruirá no caminho que deve escolher (Sl 25.12).

60. Conselho ímpio

Bem-aventurado o homem que não anda no conselho dos ímpios (Sl 1.1).

Em uma convenção recente, uma jovem me disse que seu marido queria o divórcio, mas consentiu em visitar um conselheiro cristão antes de torná-lo definitivo. Um membro da equipe do centro de aconselhamento, então, disse ao homem que ele próprio era divorciado e estava muito feliz em seu novo casamento. Era tudo que o marido precisava ouvir. O homem cuja ajuda ele buscou deu o exemplo que ele esperava encontrar. Obviamente, ele se divorciou da esposa.

    O vigésimo terceiro capítulo de Jeremias descreve o que está acontecendo em nosso país nos dias de hoje. A terra está cheia de adúlteros. As pastagens secaram. Os poderes são deturpados. Profeta e sacerdote são ímpios, fazendo o mal até mesmo na casa do Senhor. A descrição de Jeremias em relação aos profetas parece terrivelmente apropriada para alguns daqueles em quem o povo cristão está buscando orientação:

> Falam as visões do seu coração, não o que vem da boca do Senhor. Dizem continuamente aos que me desprezam: O Senhor disse: Paz tereis; e a qualquer que anda segundo a dureza do seu coração dizem: Não virá mal sobre vós. Porque quem esteve no conselho do Senhor, e viu, e ouviu a sua

palavra? Quem esteve atento à sua palavra e a ela atendeu? (Jr 23.16-18)

Aqui está um bom teste para aplicar a qualquer pessoa junto à qual busquemos aconselhamento. Essa pessoa esteve no conselho do Senhor? Viu e ouviu a palavra dele? Ele a ouviu e atendeu a ela? Observe os poucos que realmente pagaram um preço por sua obediência (como Jeremias, que foi açoitado, preso, atirado em um poço de lama etc.). Esses poucos são os que devem ser seguidos.

O capítulo prossegue descrevendo profetas que falam mentiras em nome de Deus, têm sonhos, dão voz às suas próprias invenções, inventam as próprias palavras e, então, dizem: "Ele disse". Eles enganam com "mentiras e leviandades".

> O profeta que tem sonho conte-o como apenas sonho; mas aquele em quem está a minha palavra fale a minha palavra com verdade. Que tem a palha com o trigo?, diz o SENHOR (Jr 23.28).

Cuidado com aqueles que têm medo de citar a Escritura, que dizem que é muito "simplista", que não se aplica aqui e não vai funcionar. Cuidado com o conselheiro que é "não direcional". Tenha cautela quando o conselho dado faz você se sentir confortável quando sabe que aquilo está realmente errado. "Não é a minha palavra fogo, diz o Senhor, e martelo que esmiúça a penha?" (Jr 23.29).

Não foram apenas os incríveis profetas do Antigo Testamento que falaram dessa maneira. Pense nas palavras de Jesus. Embora muitas vezes ele dissesse "palavras confortáveis", palavras que traziam paz e esperança, também falava aquelas que queimavam como fogo ("Apartai-vos de mim, nunca vos conheci"; "Arreda, Satanás!") e despedaçavam rochas ("não sairás dali enquanto não pagares o último centavo"; "Quem quer ser o primeiro entre vós será vosso servo").

> Antes, direis, cada um ao seu companheiro e cada um ao seu irmão: Que respondeu o Senhor? Que falou o Senhor? (Jr 23.35).

Isso se aplica, é claro, apenas àqueles que se importam com o que o Senhor quer. Aqueles que já decidiram fazer suas próprias coisas não precisam buscar um conselho verdadeiramente piedoso.

61. Um homem se move para o casamento

Continuam chegando cartas de homens e mulheres que se encontram em um dilema sobre como alguém deve mover-se em direção ao casamento. Enquanto eu estava sentada aqui, relendo algumas, um homem telefonou com uma pergunta sobre o mesmo assunto. O que será que está acontecendo? Por que tanta confusão? Aqui está uma das cartas:

> Sou um homem cristão que precisa de ajuda. Recentemente, terminei um longo "relacionamento" com uma garota não cristã. Durante todos esses anos, eu me comprometi muito e, pela graça de Deus, espero que da próxima vez seja melhor. Li seu livro *The Mark of a Man*[11] [A marca de um homem] e percebi coisas que nunca soube antes, coisas que me surpreenderam. Estou animado com a ideia de compartilhar a vida com uma moça de uma forma que honre Jesus. Ao mesmo tempo, tenho medo de tomar decisões equivocadas, como, por exemplo, o momento de iniciar, e nutro receio de ordem financeira, de como sustentar uma família se eu for um missionário, algo para o que hoje me encontro direcionado. Essas coisas podem parecer tolas, mas são muito reais para mim. Você poderia abordar algumas questões capazes de

---

11 Elisabeth Elliot, *The mark of a man* (Grand Rapids, MI: Fleming H. Revell Company, 2007).

beneficiar homens como eu que veem o casamento como uma bênção, e não como anos de prisão?

Não, as perguntas não me parecem tolas — longe disso. São perguntas vitais, e estou feliz que existam homens para quem elas realmente importam, a ponto de eles orarem e pedirem conselhos.

Acho que uma razão para confusão é a noção que surgiu, antes de os homens que agora estão na casa dos vinte a trinta anos nascerem, sobre "igualdade" dos sexos. Essa é uma palavra que pertence à política, mas certamente não ao namoro, um domínio que diz respeito aos seres humanos em sua totalidade.

Outra razão para confusão é a incompreensão da ordem que Deus estabeleceu no princípio. Tentei explicar esse arranjo divino em dois livros: *Deixe-me ser mulher* e *The Mark of a Man*. Se os homens forem homens, as mulheres conseguirão fazer um trabalho melhor em serem mulheres (e vice-versa, claro, mas a questão realmente está com os homens). O que significa ser homem?

Cristo é o exemplo supremo disso. Ele era forte e puro porque seu único objetivo na vida era ser obediente ao Pai. Sua própria obediência o tornou o mais viril — responsável, comprometido, corajoso, cortês e cheio de amor. A obediência de um homem cristão a Deus o tornará mais homem do que qualquer outra coisa no mundo. Considere as seguintes qualidades:

Responsabilidade. Ele deve desenvolver a salvação que Deus lhe deu "com temor e tremor; porque Deus é quem efetua em vós tanto o querer como o realizar, segundo a sua boa vontade" (Fp 2.12-13). O homem foi feito para ser iniciador, provedor e protetor da mulher.

Compromisso. Ele deve ser um homem de palavra, custe o que custar. O forte conselho de meu pai para meus quatro irmãos: Nunca diga a uma mulher que você a ama até que esteja pronto para dizer imediatamente após: "Quer se casar comigo?". Em outras palavras, o amor de um homem por uma mulher, quando é profundo e constante, conduz a um compromisso vitalício com ela. Muitas mágoas serão evitadas se ele evitar quaisquer expressões de amor até que esteja pronto para assumir esse compromisso. Uma vez prometido, ele nunca retrocede nessa palavra.

Coragem. Um homem deve estar disposto a correr o risco de rejeição (ela pode dizer não), culpa e todos os custos que um compromisso envolve.

Cortesia. A regra de vida de um cristão deveria ser *a minha vida pela sua.* Ele está preocupado com o conforto e a felicidade dos outros, e não com a sua própria. Ele não procura ter suas próprias necessidades atendidas, sua própria imagem aprimorada, mas, sim, amar a Deus, fazer com que ele seja amado e dar sua vida para esse fim. De formas pequenas e grandes, ele mostra o amor cortês do Senhor.

Pureza. Ele deve ser mestre de si mesmo se quiser ser servo dos outros. Isso significa "esbofetear" seu corpo, trazendo-o à sujeição, como Paulo fez. Significa comedimento, disciplina, força para esperar. Significa ceder totalmente à vontade de Deus, tal como revelado em 1 Coríntios 6.12-20 e 1 Tessalonicenses 4.2-8.

Tendo ouvido as histórias tristes e estudado o que chamo de "a bagunça do namoro" de nossos dias, parece-me que os homens em geral têm negligenciado outro assunto vital que deve *preceder* todas as aberturas na direção de uma futura esposa. Se presumirmos que o homem é adulto quando tem dezoito anos (ou vinte e um, no máximo), nessa idade ele já deveria estar pensando seriamente em casamento. Ele deve dedicar um tempo na companhia de Deus para descobrir se isso pode ser uma parte da agenda divina para ele. Isso levará algum tempo, e pode ser bom se, nesse período, ele simplesmente parar de namorar e começar a orar. Enquanto a resposta for incerta, não namore. Isso soa extremo? Não foi ideia minha. Aprendi com um grupo de jovens que escolheu esse caminho. É uma maneira garantida de evitar a atividade sexual (sempre ilícita fora do casamento), de preservar a integridade e a santidade, bem como de evitar os desgostos que vemos em tantos casos.

Peço-lhe que confie em Deus. Ele quer dar o melhor a você. Ele sempre ajudará. Ele prometeu guiar. Ele sabe do que você precisa. Peça a ele que lhe mostre *se*, *quando* e *com quem* você deve casar-se.

E não fique sozinho nisso. Peça conselhos aos seus superiores espirituais que são sábios, que sabem como orar e como manter o silêncio. Leve a sério o conselho deles. Se eles têm sugestões quanto a uma possível parceira, leve-as muito a sério. Meus próprios pais oraram por cônjuges piedosos para todos nós (um total de seis filhos), e realmente apontaram nominalmente diante de Deus as pessoas exatas com quem quatro de nós casaram.

Leia Gênesis 24, estude os princípios que o servo de Abraão seguiu. Ore em silêncio. Observe em silêncio.

Antes de começar a namorar, estabeleça orientações claras para si mesmo sobre "até onde ir". O único limite verdadeiramente seguro é radical, mas *funciona*: mãos, não; roupas, sim. Se você acha que pode colocar o limite em outro lugar, lembre-se de que uma pequena coisa leva a uma coisa maior. Um toque leva a um abraço, que, por sua vez, leva a um beijo, que leva a uma brincadeira que, por fim, conduz à consumação. Era assim que Deus pretendia que tudo funcionasse, mas a ideia de "tudo" era casamento e filhos.

Você pode confiar em si mesmo para parar depois de haver começado? A Bíblia diz: "Foge das paixões da mocidade". Não brinque com elas.

Quando Deus guiar você[12] quanto ao *se*, ao *quando* e ao *com quem*, então escolha amar e não temer. A vontade de Deus sempre envolve risco e custo, mas ele está presente com graça e com toda a sabedoria para ajudar você em suas necessidades. Toda escolha deliberada de obedecer a ele será — pode contar com isso — atacada pelo inimigo. Não se importe. Não há nada de novo nisso. Seja homem e mantenha-se firme.

---

12 Meu pequeno livro *A Slow and Certain Light* aborda a questão de como discernir a vontade do Senhor. [God's Guidance: *A Slow and Certain Light* (Grand Rapids, MI: Fleming H Revell Company, 1997).]

62. Virgindade

Meu coração se comove com as inúmeras mulheres na casa dos trinta e quarenta anos que me escrevem para falar da agonia real de suas almas porque ainda estão solteiras. Aqui estão duas cartas. Uma diz: "Sou uma mulher cristã de trinta anos e estou enfrentando a possibilidade de uma vida de solteirice". A outra: "Tenho quarenta e um anos. Nunca imaginei que não me casaria — oro por um marido desde os dezesseis anos".

Esse fenômeno se deve em parte, suponho, ao que os demógrafos estão chamando de "geração adiada" (os Baby Boomers, nascidos entre 1946 e 1964), que atingiu proporções catastróficas. Os homens adiam o casamento dez ou vinte anos além do que se costumava considerar a idade de casar-se. Quando o espelho diz que estão envelhecendo rapidamente, eles decidem que é chegada a hora de sossegar. Sentindo que uma jovem esposa dará alguma garantia de que eles não desceram tanto a ladeira, eles ignoram as mulheres de sua própria idade. Em todos os lugares que meu marido e eu frequentamos, encontramos adoráveis mulheres cristãs, lindamente vestidas, profundamente espirituais, completamente femininas — e *solteiras*. Anseiam por casamento e filhos. Mas o que há com os homens? Acaso estão cegos à beleza feminina, surdos ao chamado de Deus e entorpecidos ao desejo natural?

Lembro-me da conversa que tive com Gladys Aylward, há trinta anos. Ela havia sido missionária na China por seis ou sete anos antes de sequer pensar em ter um marido. Quando um casal britânico chegou para trabalhar perto dela, ela passou a testemunhar a maravilhosa relação entre os dois no casamento, e também a desejar algo assim para si mesma. Sendo uma mulher de oração, ela orou — um pedido direto a Deus para que ele chamasse um homem da Inglaterra, o enviasse direto para a China e a pedisse em casamento. Ela se inclinou para mim no sofá em que estávamos sentadas, seus olhos pretos piscando, seu dedo indicador ossudo apontando para meu rosto. "Elisabeth", disse ela, "creio que Deus responde à oração! Ele o *chamou*", então, em um longo suspiro, "mas ele *nunca veio*".

Onde estão os homens santos de Deus dispostos a assumir a responsabilidade plena da masculinidade, a assumir os riscos e a fazer os sacrifícios de cortejar e ganhar uma esposa, casando-se e gerando filhos, em obediência ao mandamento de serem frutíferos? Embora a Igreja tenha sido abençoada por homens dispostos a permanecer solteiros *por causa do Reino* (e eu não menosprezo esses homens que são seriamente chamados), não é algo óbvio que Deus chama a maioria dos homens para o casamento? Ao não se casarem, aqueles que são chamados estão desobedecendo a ele e, assim, negando os privilégios de esposas e mães às mulheres com quem deveriam casar-se.

Mas o que direi às mulheres que me escrevem com tamanhas tristeza e perplexidade? Em primeiro lugar, não é nosso trabalho tentar coagir os homens. Eles devem responder a Deus, que colocou sobre *eles* a iniciativa. Mas a mulher deve responder a Deus com sua aceitação da solteirice, procurando conhecê-lo nela e convertê-la em algo bom com um pacífico *sim, Senhor!*, e não em algo mau, com um rebelde *Não!*

Lars diz: "Vou dizer o que mudaria as coisas rapidamente: se todas as mulheres decidissem que não 'cederiam', quero dizer, não dariam aos homens o que eles estão procurando, mas sem estar dispostos a um compromisso".

Uma jovem escreveu em desespero, concordando com o que creio ser a ordem de Deus: "SIM! É assim que deve ser. Infelizmente, não é assim que as coisas *são*!".

A ordem de Deus não é alterada pela desobediência dos homens (ou das mulheres). Ela permanece da forma como ele ordenou. No longo prazo, não ganhamos nada e perdemos muito se tomarmos as rédeas em nossas próprias mãos. Uma mulher pode "ganhar" um marido, é claro. Quanto mais óbvia ela se torna, mais chances parece ter na sociedade atual. Mas um homem que é atraído por tal mulher e uma mulher que está "à caça" de homens não são submissos à ordem de Deus, ao que me parece. Não devemos seguir esse padrão. Seguir o padrão dele é não perder nada, no longo prazo, e ganhar muito — "quem perder a vida", como disse Jesus, "por minha causa, achá-la-á". Poucos parecem crer nisso o suficiente para apostar tudo.

Existe uma fórmula que "funcione"?, eventualmente me fazem essa pergunta. A fórmula de meus pais "funcionou" para mim: eles oraram por cônjuges para nós seis, eles nos ensinaram a orar e confiar em Deus. Mamãe me disse: "Mantenha-os próximos, não os busque". Isso não "funcionará" no sentido de apresentar um método infalível de enlaçar um marido (eu nunca *enlacei* nenhum dos três que Deus me deu — ele os trouxe para mim da maneira mais surpreendente e improvável). Mas está de acordo com a modéstia de uma mulher cristã e com sua disposição de ter o que Deus quer para ela. Ela não está tentando fisgar ninguém, mas está fazendo em silêncio a obra que Deus lhe deu para fazer, confiante de que sua promessa é confiável: "nenhum bem sonega aos que andam retamente" (Sl 84.11). Se o casamento é uma coisa boa para *você*, Deus fará com que você receba essa dádiva. Só ele sabe se isso é bom para você. Você está disposta a ser e ter o que ele quer que você seja e tenha, e nada mais? Você entregará todas as suas próprias esperanças, sonhos e planos a ele?

"É fácil para você dizer isso", responderão algumas. "Veja o que Deus lhe deu". Sim, mas eu não sabia se ele um dia me daria um marido quando lhe entreguei minhas esperanças, sonhos e planos. *Eu não sabia*. Tive de me render a ele, acreditando que tudo o que ele desse — ou não desse — seria o *melhor*.

As amigas oferecem todo tipo de conselho às mulheres solteiras: não seja muito agressiva ou muito retraída, muito amigável ou muito difícil, muito intelectual ou muito burra, muito terrena ou muito espiritual. Fique até o triste final do churrasco de solteiros; ele pode querer levar você para casa. Ou não vá ao churrasco de solteiros. Fique em casa, leia a Bíblia e ore. Tudo é terrivelmente confuso.

"Meu Pai está no comando aqui ou devo assumir?" Ele está no comando se você quiser que ele esteja. Ele não vai invadir sua liberdade de escolher "assumir o controle". Mas, se você quer o caminho dele, nada mais, nada menos, e nada *além disso*, tem de deixar isso por conta dele. É fácil ser enganada aqui — dizer a nós mesmas que realmente queremos cumprir a sua vontade, mas, ao mesmo tempo, pensando: "Eu quero a vontade de Deus desde que essa vontade inclua casamento!".

"Não sei como jogar esse jogo", escreveu uma garota frustrada. Ninguém sabe. É caos, frustração, confusão e devastação emocional. Jamais deveria ser um jogo, então não tente jogá-lo. Deixe tudo nas mãos que foram feridas em seu favor.

Outra pessoa que estava tentando carregar o fardo em seus próprios ombros frágeis disse que isso estava deixando-a "simplesmente doente". Não me admiro com isso. Ela está carregando fardos que

Deus nunca quis que ela carregasse. "Vinde a mim", diz Jesus, "todos os que estais cansados e sobrecarregados, e eu vos aliviarei. Tomai sobre vós o meu jugo e aprendei de mim, porque sou manso e humilde de coração" (Mt 11.28-29). É tudo uma questão de rendição total em amor a Deus, acima de todos os outros. "Sabemos que todas as coisas cooperam para o bem daqueles que amam a Deus, daqueles que são chamados segundo o seu propósito", diz-nos Romanos 8.28. Amar a Deus significa um SIM final e sem reservas para toda a sua santa vontade, e se a sua santa vontade é que você fique solteira, isso também coopera para seu bem.

"Como uma mulher solteira cristã pode entrar no mistério de Cristo e da Igreja se nunca experimentou o casamento?" — essa é a questão de uma jovem muito atenciosa.

O dom da virgindade, dado a todos para ser oferecido de volta a Deus para o uso dele, é inestimável e insubstituível. Pode ser oferecido no sacrifício puro do casamento ou no sacrifício de uma vida de celibato. Isso soa muito elevado e sagrado? Mas pense por um momento: por nunca ter conhecido um homem, a virgem é livre para se preocupar totalmente com os assuntos do Senhor, como Paulo disse em 1 Coríntios 7, "para ser santa, assim no corpo como no espírito" (7.34). Ela mantém seu coração como a Noiva de Cristo em um sentido muito especial, e oferece apenas ao Noivo Celestial tudo o que ela é e tem. Quando ela se entrega voluntariamente a ele em amor, não tem necessidade de se justificar ao mundo ou aos cristãos que a atormentam com perguntas ou sugestões. De um modo não acessível à mulher casada, seu "sacrifício vivo" diário é um testemunho poderoso e humilde, irradiando amor. Creio que ela pode, sim, entrar no "mistério" de uma forma mais profunda do que o resto de nós.

"Como ela pode entrar no mistério do Pai amando seus filhos se ela nunca tiver filhos?" Mas ela *pode* ter filhos! Ela pode ser uma mãe espiritual, assim como Amy Carmichael, pela própria oferta de sua solteirice, transformada para o bem de mais filhos do que uma mãe natural pode gerar. Tudo é recebido e santificado por aquele a quem é oferecido.

Pois bem. Aloguei este capítulo sobre essa temática, mas meus arquivos de correspondência me dizem que é um assunto, de fato, urgente, e anseio por ajudar, de qualquer maneira possível, aqueles que não encontram ajuda, conforto ou apoio de qualquer tipo do mundo, e, infelizmente, por vezes quase nada da própria Igreja.

"Se vós fôsseis do mundo", disse nosso Salvador, "o mundo amaria o que era seu; como, todavia, não sois do mundo, pelo contrário, dele vos escolhi, por isso, o mundo vos odeia" (Jo 15.19). Lembre-se disso também: "Ora, o mundo passa, bem como a sua concupiscência; aquele, porém, que faz a vontade de Deus permanece eternamente" (1Jo 2.17).

63. Autopiedade

Uma missionária solteira escreve:

> Nunca namorei ninguém. É realista para uma mulher desejar confirmação de sua feminilidade a certa altura da vida? Tenho motivos para sentir pena de mim mesma? Para ficar zangada com Deus, por me deixar em uma condição social tão terrível? Já sei a resposta, claro! Eu sou como os filhos de Israel exigindo de Samuel: Queremos um rei como todas as outras nações. Aqui estou eu com o maior dos Noivos, reclamando porque estou fisicamente sozinha e quero ser como as outras mulheres... Anseio por saber como é ser amada por um homem. O pensamento de passar toda uma vida sem nunca experimentar isso me deixa muito triste e ainda mais consciente de que tenho um longo caminho a percorrer antes de ser o tipo de mulher que *Deus* quer que eu seja.

À primeira pergunta, eu responderia: sim, é realista, é natural, não é errado. O desejo de uma mulher de verdade é ser uma mulher de verdade, e o amor de um homem ajuda a confirmar isso. Mas o desejo humano deve ser colocado sob o senhorio de Cristo para o cumprimento de acordo com a sabedoria e a escolha *dele* (Veja Sl 10.17; 37.4; 38.9; 145.19).

"Ele dá o melhor àqueles que deixam a escolha com ele."

À segunda e à terceira perguntas, eu responderia que não, como minha correspondente adivinhou. Nunca é justificável sentirmos pena de nós mesmas ou ficarmos "zangadas" com Deus — ele nos ama com um Amor Eterno; ele morreu por nós; sua vontade é sempre amor e, quando a aceitamos em confiança amorosa, é nossa *paz*.

Outra carta veio apenas algumas semanas depois da primeira, também de uma missionária solteira:

> Aprecio muito a honestidade e a abertura com que você fala sobre a vida missionária, e a importância que dá à obediência e a deixar os resultados nas mãos de Deus. Isso me ajudou a saber o custo, e a conhecer e dar crédito àquele que torna possível qualquer sucesso aqui... ser obediente a ele *é* bom! A obediência traz uma paz incrível e, de vez em quando, acho que Deus nos permite ter um vislumbre de como está executando seu plano aqui, e isso é incrível! Você está certa: a obediência vale o custo!.

64. O homem ou a mulher sem filhos

Filhos, Deus nos diz, são uma herança dele. O homem, ou a mulher, a quem ele não dá filhos é, portanto, deserdado? Certamente não. O Senhor deu porções de terra a cada tribo de Israel, exceto uma. "Tão somente à tribo de Levi não deu herança; as ofertas queimadas do S ENHOR, Deus de Israel, são a sua herança, como já lhe tinha dito" (Js 13.14). Retendo o que concedeu aos outros, ele deu a Levi um privilégio ainda maior. Não podemos ver a falta de filhos sob a mesma ótica? Creio que há uma dádiva especial para aqueles a quem Deus não dá o dom da paternidade ou da maternidade física.

Conheci muitas mulheres (e alguns homens) que se entristeceram profundamente por não terem filhos. Meu cunhado Bert Elliot e sua esposa, Colleen, missionários no Peru por mais de quarenta anos, ansiavam por ter seus próprios filhos. Eles pediram ao Senhor por filhos, se isso o glorificasse mais. A resposta do Senhor foi não. Eles pensaram em adoção, o que não teria sido tão difícil lá quanto é nos Estados Unidos. Mais uma vez, a resposta parecia ser não, mas Deus deu-lhes o privilégio de ser pai e mãe de centenas de peruanos, brancos e indígenas, na selva e no alto dos Andes, onde carregam nos ombros o cuidado com dezenas de pequenas igrejas.

Uma mulher de cerca de cinquenta anos escreveu: "Cada Dia das Mães tornou-se um pouco mais difícil para mim, pois eu me dava conta de que mais um ano havia passado e, depois de muitos anos de casamento, ainda sou a única mulher sem filhos na minha classe da Escola Dominical. O culto da manhã começou... Eu não conseguia ver o pastor por causa das lágrimas em meus olhos. Quase no final de sua mensagem, ele disse: 'Eu sei que há algumas mulheres aqui esta manhã que gostariam de ser mães, mas, por alguma razão, Deus escolheu algo diferente para elas. Não o questione. Ele tem um motivo'".

A falta de filhos, para aqueles que os desejam profundamente, é um sofrimento real. Vista à luz do Calvário e aceita em nome de Cristo, torna-se uma oportunidade para participar de seus sofrimentos. A aceitação da vontade do Pai levou Jesus à cruz. Encontramos nossa paz quando nos identificamos com ele em sua morte e ressurreição.

Olhe ao redor em sua igreja. Se você tem filhos, procure por aqueles que não têm. Eles talvez estejam prontos para ser "pais" para vocês ou seus filhos, para ser adotados como avós, por exemplo, ou como tios? Minha vida foi enriquecida por tias solteiras e amigas que cuidaram de nós quando éramos crianças, comemoraram nossos aniversários e algumas vezes até mesmo nos ajudaram com o dever de casa. O amor que elas teriam derramado sobre seus próprios filhos, se Deus lhes tivesse dado um casamento, foi derramado sobre nós, e fomos abençoados em uma medida que não teríamos sido se elas tivessem filhos. A perda dessas mulheres correspondeu ao nosso benefício, e, como Ugo Bassi, um jovem pregador italiano, disse há muitos anos: devemos medir nossas vidas "pela perda, e não pelo ganho, não pelo vinho bebido, mas pelo vinho derramado, pois a força do Amor está no sacrifício do Amor, e aquele que mais sofre tem mais a dar".

E os milhares que não tiveram as mães e os pais por quem ansiavam desesperadamente quando eram pequenos! Não é Deus chamando todos cujos ouvidos estão abertos a ele para reconhecer as feridas do mundo e para derramar seu amor sobre o jovem solitário cuja relação com seu pai parece haver destruído sua aptidão para a masculinidade? Ou para a mãe grávida cuja própria mãe está longe, ou indiferente, ou morta, que anseia por uma mãe para compartilhar sua alegria? De quem será o ombro forte da simpatia (palavra que significa "sofrer *com*"), pronto para suportar o fardo de outra pessoa — não com o sentimentalismo tépido que só enfraquece, mas com o amor ardente que dá esperança, alegria e força?

Minha correspondente diz que Deus lhe deu "várias crianças adotadas em meu coração para orar, cujas mães dizem que não têm tempo para orar". Outra garota pediu a ela para ser avó de seu novo bebê. "Ora, que bênção e como isso mudou minha vida!", disse ela. "Se eu tivesse ficado sentada e sentido pena de mim mesma, olhe as bênçãos do alto que eu teria perdido. Quanta emoção no Dia das Mães deste ano receber um cartão de vovó!".

E a jovem mulher sem filhos? Ela deve apenas marcar o tempo, esperando contra toda a esperança de que um dia terá um filho? Sempre há pessoas mais jovens que precisam de um impulso, de algum encorajamento em suas lutas contra a atração do mundo, de um ouvido atento quando enfrentam decisões difíceis, alguém que simplesmente reserve um tempo para orar com elas, para caminhar com elas pelo caminho da cruz com sua enorme demanda — a difícil e poderosa vida de feliz rendição e aceitação. Assim como os ramos da vinha derramam sua doçura, as mulheres jovens podem ver a própria oportunidade, como ramos da Videira Verdadeira, de derramar suas vidas pelo mundo.

65. Problemas da Igreja

Quando a igreja ora "santificado seja o teu nome" é, em geral, bastante óbvio que esse santo nome está longe de ser santificado na forma como nós, como membros da igreja, nos comportamos. Em nossas viagens, vemos e ouvimos muito sobre os problemas da igreja, e sempre me lembro da oração sacerdotal do Senhor Jesus pouco antes de ir para a cruz. Ao orar pelos crentes ("aqueles que me deste"), sua petição foi: "Pai santo, guarda-os em teu nome, que me deste, para que eles sejam um, assim como nós" (Jo 17.11). Por aqueles que creriam mais tarde, ele orou: "a fim de que todos sejam um [...] a fim de que sejam aperfeiçoados na unidade, para que o mundo conheça que tu me enviaste e os amaste, como também amaste a mim" (Jo 17.21, 23).

A resposta a essa oração ainda parece remota. Não deveríamos nos colocar, cada um de nós como indivíduos, na posição de cooperar com Deus no cumprimento dessa unidade? Como o mundo reconhecerá seu amor se não agirmos com amor uns para com os outros? Ninguém, tenho certeza, discordaria disso — em tese. Amai-vos uns aos outros. O obstáculo é o nosso eu egoísta e autodeterminado.

A maioria das igrejas tem problemas com o coral. Martinho Lutero disse: "Se você pode limitar o trabalho do diabo ao coral, faça isso". Mas vamos supor que o problema seja, aparentemente, o pastor. (Confesso um viés favorável a essas almas sofridas, pois tenho um sobrinho, dois maridos de sobrinhas, um genro e um irmão que são pastores.) Ele é jovem demais ou velho demais, conservador demais ou liberal demais, seus sermões são irrelevantes para nossas necessidades, ou longos demais ou elaborados demais para esta congregação, ele é socialmente incompatível, insensível à diversidade de pessoas que temos aqui, ele é parcial; em suma, escolhemos o homem errado, é uma mistura ruim, a solução é simples: temos de nos livrar dele. Então, tudo ficará bem.

Antes de tomarmos tal posição de soberania, assumindo que *sabemos* a raiz do problema e que temos justificativa para impor nossa "solução", não poderíamos fazer algumas perguntas a nós mesmas? (Não me refiro aqui, claro, a casos que exijam, inequivocamente, o afastamento, como, por exemplo, imoralidade ou heresia.)

1. Quem chamou esse pastor? Foi o bispo? A igreja? A decisão foi tomada em oração? Cremos na orientação do Espírito Santo?
2. Entendemos o pastor do rebanho como alguém que tem responsabilidade e autoridade? "exorta e repreende também com toda a autoridade", essa foi a palavra do apóstolo Paulo a um jovem pastor (Tt 2.15). A Timóteo, ele disse: "Ordena e ensina estas coisas" (1Tm 4.11). "Obedecei aos vossos guias e sede submissos para com eles [...] para que façam isto com alegria e não gemendo" (Hb 13.17). Nós respeitamos essa determinação divina?
3. Se as ovelhas lançarem o pastor para fora do aprisco, as próprias ovelhas não serão assoladas, assim como o pastor? A devastação espiritual é muitas vezes o resultado de tomarmos as rédeas em nossas próprias mãos. Nenhuma humildade é operada em nós, nenhuma fé mais robusta nasce.

4. Aprendemos a mansidão que compreende o poder da paciência, da espera tranquila em Deus e a inutilidade de empregar métodos grandiosos para fazer as coisas à nossa maneira? E quanto à reverência que confia no trabalho oculto, aparentemente lento, de Deus para cumprir seus próprios propósitos misteriosos? A impaciência endurece.
5. Desafiamos o mal com as armas erradas? "Eu mesmo, Paulo, vos rogo, pela mansidão e benignidade de Cristo [...] embora andando na carne, não militamos segundo a carne. Porque as armas da nossa milícia não são carnais, e sim poderosas em Deus, para destruir fortalezas" (2Co 10.1, 3-4).
6. Estamos dispostas a aceitar o sofrimento? Em que medida sabemos sobre ação custosa ou amor sacrificial? Estamos dispostas a dar nossas vidas por esse homem, trabalhar em oração, aceitar a cruz nas profundezas de nossos próprios corações? As exigências da fé atravessam a lógica e a política humana, e muitas vezes se opõem a todos os métodos comuns e até mesmo ao senso comum.
7. Refletimos sobre o aviso de Jesus de não esperar que sua igreja fique imaculada ou sem rugas? A rede traz peixes bons e ruins. O joio cresce com o trigo. Ele está trabalhando para aperfeiçoar sua própria noiva — nunca conseguiremos isso sozinhos.
8. Estamos dispostas a deixar a cruz cortar dolorosamente, renunciando, de forma humilde, ao nosso controle sobre o que cremos ser a verdadeira natureza do conflito, abrindo mão de nossas certezas sobre o que "deveria ser" e de nossos "direitos" particulares? Podemos, no espírito de Cristo, mortificar nossos caprichos, aceitar reveses, acostumar-nos ao

mal-entendido, parar de perguntar "e quanto às *minhas* necessidades?". Deixe Deus cuidar delas; ele prometeu que cuidaria — de *todas* elas.

O cristão se volta repetidas vezes daquela contemplação perplexa da história na qual Deus se perde tão facilmente, para a oração de confiança filial na qual ele é sempre encontrado, sabendo aqui que as mesmas coisas que parecem reverter-se em desvantagem para o homem ainda podem funcionar para a vantagem divina. Na fronteira entre oração e história, está a Cruz, a lembrança perpétua do preço pelo qual o Reino é trazido. (*Abba*, E. Underhill)

Talvez, se considerarmos essas coisas com oração e fervor, tanto o pastor como o rebanho poderão ser mudados, evitando-se, assim, a separação. Talvez não, mas, nesse processo, nós, as ovelhas, certamente aprenderemos a confiar de forma mais plena no Supremo Pastor, e nos tornaremos um pouco mais parecidos com ele.

O amor divino viu e contou
Cada lágrima que fez cair,
E a tempestade que o Amor designou
Foi o seu presente mais especial de todos.

(Anônimo)

66. Minha mãe espiritual

Katherine Morgan é missionária em Pasto, Colômbia, há mais de cinquenta anos. Ela tem sido minha amiga por mais de quarenta e três desses anos e fez por mim o que Paulo disse que Onesíforo fez por ele: com frequência, deu-me ânimo. O marido de Katherine morreu quando estavam casados há apenas seis anos, mas ela continuou em seu trabalho missionário e criou suas quatro filhas. À Katherine, devo mais do que consigo expressar. Ela praticamente me mandou para o Equador. Eu era uma candidata missionária sem um campo, não sabia exatamente como encontrar um, falei com ela e, em poucos meses, encontrava-me em Quito. Ela me recebeu em sua casa durante muitos fins de semana, dando-me vislumbres das próximas cenas: o que não esperar dos "apoiadores", o que esperar deles, o que esperar dos equatorianos e dos indígenas na selva, o que levar (senso de humor, por exemplo), o que não levar (olfato, uma mala cheia de inibições e preconceitos dos Irmãos Plymouth, uma ideia inflada de minha própria importância e a noção de que as pessoas estão ansiosas para ouvir o evangelho). Às vezes, todas nós — suas filhas estavam em idade escolar — quase rolávamos no chão de tanto rir. Uma noite, tivemos um desfile de chapéus. Katherine tinha chegado em casa de uma reunião missionária com uma bolsa de compras cheia de chapéus, algo sobre o qual uma senhora lhe dissera: "O Senhor colocou no meu coração para dar aos missionários".

Há alguns anos, ela me ligou da Pensilvânia, onde estava visitando uma filha. Ela só queria conversar enquanto ainda seria fácil conversar, já que ela voltaria para a Colômbia em algumas semanas.

Perguntando sobre uma amiga em comum que estava hospitalizada, ela me disse para lhe dizer para pular e louvar ao Senhor. Ela mencionou um presente enviado a ela que era endereçado a uma missionária aposentada. "Eu, aposentada! Nunca nem mesmo pensei em me aposentar". Ela devolveu. Falamos sobre "dores de parto" pelas pessoas que se afastaram do Senhor. Eu a lembrei de 2 Coríntios 4, a passagem sobre carregar a "morte em nossos corpos" para que a vida possa operar em outras pessoas. Sim, ela concordou, isso está na Bíblia, de fato, mas ela não conseguia pensar em si mesma dessa maneira — "Eu sou muito alegre" —, embora eu saiba que ela sofreu muitos tipos de morte por causa de outras pessoas (e teve sua própria vida ameaçada várias vezes, inclusive sendo apedrejada e encharcada com gasolina mais de uma vez).

Querida Katherine! "O coração alegre é bom remédio." O dela tem sido um elixir para mim. Ela é uma daquelas pessoas que dão frutos na velhice — embora tenha me batido por sugerir que ela está chegando perto dessa categoria. Que Deus me faça como ela!

67. Um chamado para as mulheres mais velhas

Em 1948, quando eu estava no Prairie Bible Institute (um conjunto sisudo de edifícios de madeira em uma pradaria bastante sombria em Alberta) por apenas algumas semanas, sentindo-me um pouco deslocada e solitária depois do meio-dia, alguém bateu à minha porta. Abri para encontrar um lindo rosto rosado emoldurado por cabelos brancos. Ela falou com um encantador sotaque escocês.

"Você não me conhece, mas eu conheço você. Tenho orado por você, Betty querida. Sou a sra. Cunningham. Se você quiser uma xícara de chá e um bolinho escocês, apenas desça para o meu pequeno apartamento."

Ela me disse onde morava e que meu nome fora mencionado em uma reunião de equipe (ela nunca disse como; seria eu considerada uma desajustada no PBI?), e que o Senhor a incomodara em relação a mim. Muitas foram as tardes de inverno em que me aproveitei de sua oferta graciosa e nos sentamos juntas em seu apartamento minúsculo, porém muito aconchegante, no porão, enquanto ela servia chá para mim e eu derramava minha alma para ela. Seu rosto radiante se mostrava cheio de simpatia, amor e compreensão enquanto ouvia. Ela ficava quieta por um tempo, depois orava e, olhando para cima, me animava e fortalecia com a palavra de Deus. Durante e depois dos meus anos missionários, ela me escreveu até a sua morte. Só Deus sabe quanto devo às "quatro Katharines": Katharine Cunningham, Katharine Gillingham Howard (minha mãe),

Katherine Cumming (minha mãe na casa em que fiquei nos tempos de faculdade) e Katherine Morgan. Elas e várias outras não só me mostraram como é a piedade (muitos outros fizeram isso), como também agraciaram, de forma significativa, minha vida, obedecendo ao chamado especial de Deus para as mulheres mais velhas.

O apóstolo Paulo diz a Tito que as mulheres mais velhas devem ser "mestras do bem, a fim de instruírem as jovens recém-casadas a amarem ao marido e a seus filhos, a serem sensatas, honestas, boas donas de casa, bondosas, sujeitas ao marido" (Tt 2.4-5). Minha querida "Mãe Cunningham" me educou; não em uma aula ou em um seminário, ou mesmo por suas palavras. Fui ensinada pelo que ela *era*. Por sua disponibilidade em relação a Deus quando ele a enviou à minha porta. Pela rendição de seu *tempo*, uma oferta a ele por minha causa. Por sua prontidão para "se envolver", para dar sua vida por uma menina ansiosa da escola bíblica. Acima de tudo, ela mesma, uma simples mulher escocesa, *era a mensagem*.

Penso no grande número de mulheres mais velhas hoje. O Resumo Estatístico dos Estados Unidos para 1980 diz que 19,5% da população tinha entre 45 e 65 anos, mas em 2000 será de 22,9%. Assumindo que metade dessas pessoas são mulheres, que fonte de energia e poder para Deus elas poderiam ser! Vivemos mais agora do que quarenta anos atrás (o mesmo documento diz que os maiores de sessenta e cinco anos aumentarão de 11,3% para 13%). Há mais mobilidade, mais dinheiro circulando, mais lazer, mais saúde e mais força — recursos que, se colocados à disposição de Deus, podem abençoar as mulheres mais jovens. Mas também há muitas outras maneiras de *gastar* esses recursos, então percebemos que é muito fácil nos ocuparmos de uma forma egoísta. Onde estão as mulheres, solteiras ou casadas, dispostas a ouvir o chamado de Deus à maternidade espiritual, tomando filhas espirituais sob suas asas para ensiná-las, como mamãe Cunningham fez comigo? Ela não tinha treinamento formal que o mundo reconhecesse. Ela nunca pensou nisso. Ela simplesmente amava a Deus e estava disposta a ser pão partido e vinho derramado por ele. A *aposentadoria* nunca passou pela sua cabeça.

Se algumas das minhas leitoras estão dispostas a ouvir esse chamado, mas mal sabem por onde começar, sugiro a vocês:

1. Ore por isso. Peça a Deus para lhe mostrar quem, o quê, como.
2. Considere escrever bilhetes ou telefonar para uma mulher mais jovem que precise de encorajamento nas áreas que Paulo mencionou.
3. Pergunte a uma jovem mãe se você pode passar a roupa, levar as crianças para passear, ser babá para que ela possa sair, preparar um bolo ou uma sopa para ela.
4. Faça o que a mãe C. fez por mim: convide alguém para tomar chá, descubra pelo que ela gostaria que você orasse (pedi que ela orasse para que Deus unisse Jim Elliot a mim!) e *ore* com ela.
5. Comece um pequeno grupo de oração com duas ou três mulheres a quem você possa incentivar e ajudar. Você também será incentivada e ajudada!
6. Organize uma equipe de limpeza doméstica voluntária para sair a cada duas semanas ou uma vez por mês para visitar alguém que precise de vocês.
7. Tenha uma biblioteca de livros para empréstimo que constituam alimento espiritual verdadeiro.

8. Seja a primeira em um grupo de sua igreja a ser conhecida como MT2 (Mulheres de Tito 2) e veja o que acontece (alguma coisa acontecerá).

Não diga que você não pode alegrar, elevar e libertar; que não tem a graça da influência; que tudo o que tem a dar é, no máximo, simples pão e água. Entregue-se ao seu Senhor para o serviço dos homens com o que você tem. Ele não pode transformar água em vinho? Ele não pode fazer com que as palavras gaguejantes sejam instiladas [imbuídas, cheias, carregadas] com poder salvador? Ele não pode transformar os esforços trêmulos para ajudar em atos de força? Não pode ele ainda, como antigamente, capacitá-lo em toda a sua pobreza pessoal 'para enriquecer muitos?' Deus precisa de você para o serviço a seus semelhantes. Ele tem um trabalho para você fazer. Descobrir o que é, e depois fazê-lo, é ao mesmo tempo seu dever supremo e sua mais elevada sabedoria. "Fazei tudo o que ele vos disser."

George Body (1840 - 1911)

68. Iniciando um grupo MT2

Homens e mulheres comprometidos com a obediência a Tito 2.1-5 são desesperadamente necessários no mundo, na igreja e em casa. Escrevendo sobre o que chamei de maternidade espiritual, referi-me a essas mulheres como MT2 (Mulheres de Tito 2). Uma leitora pergunta se eu tenho orientações, estrutura, organização ou informações sobre tal grupo. Bem, não muito, pela seguinte razão: assim que você se organiza, tem de fazer reuniões! O que não precisamos é de mais uma reunião para nos afastar de nossas casas e telefones. Minhas sugestões são simplesmente estas:

1. Orar. Peça a Deus que lhe mostre as necessidades e como você mesma pode ajudar. Ore (talvez ao telefone, se for difícil reunir-se) com mais uma ou duas que entendam a necessidade.
2. Pergunte ao seu pastor se ele poderia pregar sobre a passagem de Tito. Ele precisará de coragem para fazer isso.
3. Nos estudos bíblicos, nas aulas de Escola Dominical, na mesa de sua cozinha ou onde quer que você tenha a oportunidade, aborde o assunto da maternidade espiritual. Conte a outras mulheres sobre a bênção que suas próprias mães espirituais foram para você (se você não teve nenhuma, encontre um modelo em um livro, como eu encontrei na autora missionária Amy Carmichael. Então, procure ser uma delas).
4. Publique uma lista no quadro de avisos da igreja das MT2, mulheres que desejam sinceramente estar disponíveis. Mães (no sentido comum e no sentido espiritual) são pessoas que

devem estar disponíveis — não o tempo todo, não para atender a todas as demandas, mas, à medida que forem surgindo as necessidades, elas podem atender. Elas estão preparadas para agir, não importa quão humilde e simples seja o trabalho. As necessidades mais profundas provêm de exemplos piedosos, ouvidos para ouvir, ombros para chorar, corações para orar. Depois, há as tarefas humildes que aliviam os fardos das outras pessoas: levar alguém ao médico, passar a roupa de alguém, levar uma amiga para ajudá-la a limpar a geladeira e o forno de alguém (trabalhos geralmente difíceis para as mães jovens); servir de babá — na sua casa ou na casa dos pais da criança. Ninar um bebê, ler uma história, preparar o jantar, fazer um curativo. Levar uma pessoa idosa para fazer compras e almoçar. Limpar a casa, cuidar do jardim ou escrever mensagens por meio de ditado.

Deus lhe dará muitas outras ideias se você pedir.

69. Mulheres de paixões idênticas

A líder de uma conferência de mulheres me perguntou se eu seria capaz de falar em particular com uma jovem que estava profundamente triste. Essa mulher não queria "me incomodar", disse a líder, não sentia que deveria tomar meu tempo quando havia centenas de outras que precisavam de mim. Na verdade, ela estava com medo de mim. Claro que eu disse que ficaria muito feliz em falar com ela, e satisfeita em mostrar que eu não era uma pessoa hostil.

Após a conversa, a jovem foi reportar-se à sua líder.

"Oh, não foi ruim, afinal! Eu entrei e estava tremendo. Olhei nos olhos dela e soube que ela também havia sofrido. Então, ela abriu um sorriso lindo para mim. Quando vi aquele espaço enorme entre os dentes da frente dela, disse a mim mesma: 'Está tudo bem; ela não é perfeita!'".

Certa vez, minha filha, Valerie, ensinou em um curso bíblico para mulheres em Laurel, Mississippi. Aconteceu que ela se perdeu em suas anotações enquanto falava. Ela tentou se encontrar enquanto continuava a falar, percebeu que não conseguia, desculpou-se e fez uma pausa para procurar na página. A pausa tornava-se cada vez mais agonizante. Por fim, ela desistiu e improvisou o resto da lição. Ela não conseguiu encontrar a aplicação nem a conclusão. Mais tarde, ao deixar o palco, ela estava à beira das lágrimas pelo que lhe parecia ser uma falha abismal. Uma senhora veio até ela para dizer que fora a melhor aula que tivera até então. Algum tempo depois, alguém ligou para agradecer a Val por coisas que a ajudaram.

"Mamãe", disse-me ela ao telefone, "não conseguia entender por que isso aconteceu. Eu me preparei fielmente, fiz o melhor que pude. Mas então me lembrei de uma oração que fiz naquela semana (Walt me disse que era uma oração ridícula!) pedindo ao Senhor que essas mulheres soubessem que sou apenas uma mulher comum como todas elas e que preciso da ajuda dele. Acho que essa foi a resposta do Senhor, não acha?".

Calmamente, olhamos para trás, sobre alegrias
E tristezas passadas,
Sabemos que tudo é misericórdia agora
E que, por fim, ficaremos bem;
Calmamente olhamos adiante de nós,
Não tememos nenhum mal futuro,
Suficiente para a segurança e para a paz,
Se tu ainda estás conosco.

Jane Borthwick

70. Nada se perde

A esposa de um pastor perguntou: "Quando uma pessoa testemunha uma obra em que alguém derramou sua vida até 'desaparecer nas chamas' (especialmente se não for por culpa sua), é obra de Satanás ou da mão de Deus?".

Muitas vezes é o primeiro caso, sempre sob o controle do segundo. Nas biografias da Bíblia, encontramos homens cuja obra para Deus parecia ser um fracasso na época: os repetidos esforços de Moisés em persuadir o Faraó, os apelos de Jeremias por arrependimento, as reformas do bom rei Josias, recompensadas, ao final, com sua morte por um rei pagão. O pecado tinha muito a ver com as falhas aparentes, mas Deus era então, como é agora, o "bendito e único Soberano" (1Tm 6.15). Ele concedeu a nós, seres humanos, a responsabilidade de fazer escolhas e de viver com as respectivas consequências. Isso significa que todos sofrem; às vezes por seus próprios pecados; outras vezes, pelos pecados dos outros.

Há paradoxos aqui que não podemos resolver. Mas sempre podemos olhar para as experiências de nossas próprias vidas à luz da vida de nosso Senhor Jesus. Como aprenderemos a "permanecer" em Cristo, entrar na comunhão de seus sofrimentos, deixar que ele transforme os nossos? Existe apenas uma maneira: vivendo cada evento, inclusive quando as coisas 'desaparecem nas chamas', como Cristo viveu — na paz da vontade do Pai. Sua obra terrena parecia ser um sucesso estrondoso? Ele deparou com discussões, incredulidade, desprezo dos fariseus e outros. As multidões o seguiram; não porque quisessem sua Verdade, mas porque gostavam de receber coisas como pão, peixe e cura física. Seus próprios discípulos eram "néscios e tardos de coração para crer" (Por que Jesus não os *fez* crer? Pelas razões já expostas). Esses homens que viveram intimamente com ele, ouviram seu ensinamento por três anos e observaram sua vida e seus milagres ainda tinham pouca ideia do que ele estava falando na noite anterior à sua morte. Judas o traiu; Pedro o negou. Os outros foram dormir quando ele lhes pediu que ficassem acordados. No final, todos eles o abandonaram e fugiram. Pedro se arrependeu com lágrimas e, mais tarde, viu claramente o que havia acontecido. Em seu sermão aos judeus de Jerusalém (Atos 2.23), ele disse: "sendo este entregue pelo determinado desígnio e presciência de Deus, vós o matastes, crucificando-o [...] ao qual, porém, Deus ressuscitou, rompendo os grilhões da morte; porquanto não era possível fosse ele retido por ela".

A morte nada pode fazer para reter qualquer um de seus servos fiéis. Entenda isso, de uma vez por todas: *Você nunca pode perder o que ofereceu a Cristo*. É o homem que tenta se salvar (ou sua reputação, ou seu trabalho, ou seus sonhos de sucesso e realização) que perde. Jesus nos deu sua palavra de que, se perdêssemos nossas vidas por ele, nós as acharíamos.

71. A companhia invisível

Muitas de nós pertencem a igrejas em que um credo é frequentemente repetido pela congregação. Vários dos credos antigos incluem estas palavras: "Creio na comunhão dos santos". Para alguns, a palavra *santos* significa apenas certas pessoas especialmente distintas que foram oficialmente designadas como tal. Para outros, significa aqueles que agora estão no céu. A Bíblia é clara em mostrar que aqueles que pertencem a Cristo, ou seja, os cristãos, são santos. Veja Atos 9.32 e 41 para começar. Em seguida, observe as saudações em Romanos 1.7, 1 Coríntios 1.2 e outros textos.

Você parou para refletir um pouco sobre essa comunhão? Você realmente crê nisso? Estou aprendendo. A *comunhão* dos santos não se importa com localização. Aqui ou do outro lado do mundo ou no céu, todos os que amam o Senhor estão incluídos, unidos como um corpo cuja Cabeça é Cristo. A galeria de heróis da fé em Hebreus 11 compreende não apenas aqueles que alcançaram vitórias emocionantes por meio da fé, mas também os destituídos e perseguidos, aqueles que foram torturados, açoitados, presos e até mesmo serrados ao meio; pessoas que o mundo nunca consideraria dignas, mas a Bíblia diz que o mundo é que não era digno delas! E aqui está algo sobre o qual vale a pena meditar: *todos* eles "obtiveram bom testemunho por sua fé", mas *nenhum* deles obteve, contudo, "a concretização da promessa, por haver Deus provido coisa superior a nosso respeito, para que eles, sem nós, não fossem aperfeiçoados" (Hb 11.39-40).

Quando oro, fico muitas vezes preocupada e distraída, ciente de que meus esforços são frágeis e aparentemente inúteis, mas o pensamento de que esses heróis distintos devem ser aperfeiçoados junto comigo (e com o autor de Hebreus, e com você e todo o resto dos seguidores do Cordeiro) muda completamente o quadro e coloca um novo coração em mim. Coisas grandiosas e misteriosas estão em curso. Não estamos sós. Minhas orações talvez sejam uma única nota em uma sinfonia, mas uma nota necessária, pois eu creio na comunhão dos santos. Precisamos uns dos outros. As orações de uma pessoa afetam todas as pessoas. A obediência de uma pessoa importa infinita e eternamente.

Lemos que "temos a rodear-nos tão grande nuvem de testemunhas" (Hb 12.1), aqueles que encontraram em Cristo "sua Rocha, sua Fortaleza e seu Poder, seu Capitão na luta bem travada" (usando as palavras de um antigo hino) e "nas trevas temem sua única e verdadeira Luz — Aleluia" (William Walsham How, "For All the Saints").

Quando recém-casados e vivendo em uma pequena casa com palmeiras na selva, Jim Elliot e eu lembramos que, mesmo em um lugar tão remoto, ainda estávamos reunidos naquela grande comunhão, e costumávamos cantar o hino de John Ellerton, "The Day Thou Gavest, Lord, Is Ended" (Lars e eu às vezes cantamos agora). Minhas estrofes favoritas:

> Agradecemos-te que tua Igreja, desperta,
> Enquanto a Terra se move para a luz,
> Por todo o mundo sua vigília se mantém
> E não descansa agora de dia ou de noite.

> Como sobre cada continente e cada ilha
> A alvorada traz outro dia,
> A voz da oração nunca é silenciosa,
> Nem enfraquecem os esforços de louvor.

Talvez uma leitora (ou leitor) esteja muito fraca e se sinta muito solitária ao ler isso hoje, tentada a sentir que a oração é inútil e que não leva a lugar algum. Pense na grande Companhia Invisível que vigia e ora enquanto corremos "com perseverança, a carreira que nos está proposta" (Hb 12.1)! Pense nisso e tenha bom ânimo; é cedo demais para desistir!

72. O mundo deve ver

Quando Jesus estava falando com seus discípulos antes de sua crucificação, deu-lhes seu presente de despedida: paz como o mundo nunca poderia dar. Mas, ato contínuo, ele disse: "Não se turbe o vosso coração, nem se atemorize [...]. Já não falarei muito convosco, porque aí vem o príncipe do mundo; e ele nada tem em mim; contudo, assim procedo para que o mundo saiba que eu amo o Pai e que faço como o Pai me ordenou" (Jo 14.27, 30-31).

Uma jovem mãe ligou para pedir "algo que me ajude a confiar no Senhor". Ela explicou que tinha vários filhos pequenos, ela mesma tinha trinta anos e estava com câncer. A quimioterapia tinha feito seu trabalho horrível de deixá-la totalmente careca. O prognóstico não era bom. Eu poderia dizer a ela: "Descanse seu coração perturbado. Deus vai curar você"? Certamente não. Jesus não disse a seus discípulos que não seria morto. Como eu poderia saber se Deus curaria aquela jovem? Mas eu poderia, sim, lembrá-la de que ele não a deixaria por um momento sequer, que seu amor a envolvia e também aos seus preciosos filhos a cada minuto de cada dia e de cada noite, e que, sustentando-a, estão seus braços eternos.

Mas isso seria suficiente? As coisas terríveis do mundo parecem zombar do amor de Deus, e sempre surge a seguinte pergunta: *Por quê?*

Há pistas importantes nas palavras de Jesus. Os piores temores dos discípulos estavam prestes a se realizar, mas ele ordenou (sim, *ordenou*) que ficassem em paz. Tudo ficaria bem, todos os tipos de coisas ficariam bem — no final. No curto prazo, no entanto, o príncipe deste mundo, o próprio Satanás, teria permissão para fazer as coisas à sua maneira. Não que Satanás tivesse algum direito sobre Jesus; longe disso. Ele também não tem "direitos" sobre nenhum dos filhos de Deus, nem mesmo sobre aquela querida mãe. Mas é permitido a Satanás aproximar-se. Ele desafia a Deus, sabemos pelo Livro de Jó, quanto à eficácia da fé de seus filhos.

Deus permite que ele faça um experimento de vez em quando. Tinha de ser provado a Satanás, no caso de Jó, que existe de fato uma fé obediente que não depende de receber apenas benefícios. Jesus tinha de mostrar ao mundo que ele amava o Pai e, não obstante o que acontecesse, faria exatamente o que dissera. O servo não é maior que seu Senhor. Em vez de clamarmos "Por que, Senhor?", deveríamos perguntar: "Por que não, Senhor? Acaso não devo seguir meu Mestre no sofrimento como em tudo o mais?".

Nossa fé depende de todas as nossas orações serem respondidas como achamos que devem ser, ou repousa no caráter de um Senhor soberano? Não podemos afirmar até nos encontrarmos realmente em apuros.

Nunca mais ouvi falar da jovem. Esqueci de perguntar o endereço dela. Mas orei por ela, pedindo que Deus lhe permitisse mostrar ao mundo o que é a fé genuína — o tipo de fé que vence o mundo porque confia e obedece, independentemente das circunstâncias. O mundo não quer *ouvir*; o mundo deve *ver*. Acaso essa não é a resposta parcial à grande questão — Por que os cristãos sofrem?

Seção quatro
NOSSA CULTURA EM CONTROVÉRSIA

73. Duas visões

Certa manhã, recebi um artigo de uma revista cristã, escrito por um médico consultor de uma clínica cristã bem conhecida, intitulado: "Aprendendo a amar a si mesmo". De forma irônica, na mesma remessa dos correios, veio uma revista de notícias com a seguinte matéria de capa: "A maldição da autoestima".

Eu disse: "Bem" (Isso é um costume da família da minha cunhada. Quando eles pensam que é melhor não dizer o que estão realmente pensando, mas precisam dizer *algo*, consideram isso útil: *Eu disse: "Bem"*).

As sugestões do médico para melhorar sua autoestima incluíam coisas como: Elogie-se. Defenda sua posição. Acredite em si mesmo. Tenha orgulho de si mesma. Expresse aceitação total e incondicional de sua condição neste momento.

A revista de notícias dizia: "Se você é como a maioria dos americanos, há grande risco de ter baixa autoestima. Certamente, você se sentiu mal no Career Day [Dia das Profissões] na escola de seus filhos, quando você era o único pai que não tinha a própria empresa. Mas, a menos que seu psicólogo familiar tenha ministrado um Inventário de autoestima de Coopersmith ou a Escala de autodepreciação de Kaplan, você provavelmente nunca imaginou que uma autoimagem negativa pudesse estar segurando você na vida. Apenas achava que não era grande coisa. Mas agora você sabe que não há pessoas ruins; apenas pessoas que pensam mal de si mesmas."

"Aha", disse eu.

Em seguida, vinham algumas citações concisas. Mark Twain: "No fundo do seu coração, ninguém se respeita muito". Leon Tolstói: "Estou sempre comigo mesmo e sou eu quem me atormenta". Goethe: "Eu não me conheço e Deus me livre de conhecer". E H. L. Mencken: "Autorrespeito — a sensação segura de que ninguém, ainda, é suspeito".

A tudo isso, eu disse: "Ouça, ouça".

Enquanto eu fazia uma pausa e refletia, pensei no rei Uzias ainda menino, que, ao assumir o trono aos dezesseis anos, começou tão bem, obedecendo a Deus, e "foi maravilhosamente ajudado, até que se tornou forte. Mas, havendo-se já fortificado, exaltou-se o seu coração para a sua própria ruína, e cometeu transgressões contra o Senhor, seu Deus" (2Cr 26.15-16) e morreu leproso, excluído do templo do Senhor. Foi no tempo daquela morte ignominiosa que o profeta Isaías recebeu sua comissão de Deus, para a qual ele foi preparado primeiro por uma visão do próprio Senhor, alto e sublime. Os próprios limiares do templo tremeram diante do som das vozes dos serafins dizendo "Santo, santo, santo", e o profeta, naquela terrível revelação da santidade de Deus, recebeu uma autorrevelação instantânea e terrível que arrancou dele o grito: "Ai de mim! Estou perdido! Porque sou homem de lábios impuros, habito no meio de um povo de impuros lábios, e os meus olhos viram o Rei, o SENHOR dos Exércitos!" (Is 6.5).

Aquele eu cuja autoimagem (de um homem *honesto*) não é simplesmente "baixa" ou "pobre", mas também distorcida, mutilada, torturada, arruinada, pode encontrar completude e cura apenas com doces afirmações? Foi preciso fogo do altar de Deus para purificar os lábios de Isaías. Foi necessário que ocorresse a total imolação do

Cordeiro para tirar o pecado do mundo. Acaso a cruz agora está obsoleta?

"Acautelai-vos dos falsos profetas", advertiu Jesus (Mt 7.15). "Se alguém quer vir após mim, a si mesmo se negue, tome a sua cruz e siga-me" (Mt 16.24). Podemos conciliar a construção de uma autoimagem mais forte com o cumprimento dessas três condições de discipulado?

"Porquanto, quem quiser salvar a sua vida perdê-la-á; e quem perder a vida por minha causa achá-la-á" (Mt 16.25). Quem pode deixar de tentar salvar a si mesmo — e permitir-se perder enquanto, ao mesmo tempo, se esforça para construir uma autoimagem mais forte? Parece um grave conflito de interesses, não?

Não conheço nada que agite mais a alma, nada tão inquietante e desconcertante, quanto a contemplação do próprio eu. Se eu conseguir melhorar minha autoimagem minimizando minhas falhas, tenho condições de encontrar a paz que o mundo pode dar, mas vou acabar em turbulência espiritual. A paz do espírito penitente é "muito baixa aos seus próprios olhos, e, portanto, não instável" (Janet Erskine Stuart).

Aqueles que seguem o Cordeiro deixam a si mesmos para trás, e se revestem "do novo homem, criado segundo Deus, em justiça e retidão procedentes da verdade" (Ef 4.24).

74. Eu sou disfuncional, você é disfuncional

Phineas T. Barnum sabia do que estava falando quando disse que "nasce um otário a cada minuto". Ele ganhou dinheiro com isso, e milhares outros antes e depois dele também. Não é difícil convencer as pessoas inseguras (quem não é inseguro?) que elas foram maltratadas e mereciam algo melhor. Na verdade, elas foram *horrivelmente* tratadas e desconsideradas, incompreendidas, deturpadas, abusadas. Suas famílias eram *disfuncionais* (qual família não era? Quais pais fizeram um trabalho perfeito?). Não admira que não se sintam bem consigo. Mas veja, pessoal, posso fazer vocês verem que são maravilhosos, realmente MARAVILHOSOS. É ruim sentir-se mal consigo, e é culpa de todas aquelas pessoas horríveis que feriram você. Você pode simplesmente afastar-se delas.

Como sempre, devemos confrontar o que o mundo está dizendo com o prumo das Escrituras, a fim de ver se há algo torto. O "evangelho", de acordo com os autogurus, por quem muitos testemunharão ter sido ajudados, é muito simples e, creio, também muito torto. O caminho para a realização pessoal é reto e estreito, e começa na cruz, onde (como em *O peregrino*) o Cristão deixa cair seu fardo: o fardo do pecado, o pecado profundamente enraizado, infeccioso, maligno, mortal, a terrível raiz de todos esses "maus sentimentos". "Quão aliviado e jubiloso ficou Cristão! Bendito seja Aquele que, com os seus sofrimentos, me deu descanso, e com a sua morte me deu a vida!, exclamou ele, e ficou por alguns momentos como extático, ao ver o grande benefício que a cruz acabava de fazer-lhe".[13]

Sempre será surpreendente para aqueles que se achegam a essa cruz, e sempre será loucura para aqueles que não se achegam. O descanso vem por seus sofrimentos, a vida por sua morte? Sim. "E ele morreu por todos, para que os que vivem não vivam mais para si mesmos, mas para aquele que por eles morreu e ressuscitou. Assim que, nós, daqui por diante, a ninguém conhecemos segundo a carne; e, se antes conhecemos Cristo segundo a carne, já agora não o conhecemos deste modo. E, assim, se alguém está em Cristo, é nova criatura; as coisas antigas já passaram; eis que se fizeram novas" (2Co 5.15-17).

Essa nova criação está muito longe da noção de autoaceitação que tomou conta das mentes de muitos cristãos. *Qualquer mensagem que torne a cruz redundante é anticristã.* O pecado original, o orgulho, está por trás da minha "autoimagem ruim", pois senti que merecia mais do que recebi, que é exatamente o que Eva sentiu! Então, é o orgulho, e não a autoimagem ruim, que tem de desaparecer. Se sou tão bela e amável, o que Jesus estava fazendo lá no alto, pregado na cruz e coroado com espinhos? Por que todo esse sofrimento horrível para o puro Filho de Deus? Aqui está o porquê: *Não havia outra maneira* de nos livrar do inferno de nosso próprio ego orgulhoso, nenhuma outra maneira de sair da escravidão da autopiedade e da autoconsolação. Como devemos tomar nossa posição sob a cruz de Jesus e continuar a amar os egos que o colocaram lá? Como podemos contemplar a cruz maravilhosa e, ao mesmo tempo, alimentar nosso orgulho? Não. Isso não dará certo.

---

13 John Bunyan, *O peregrino* (São José dos Campos: Fiel, 2010), p. 25.

Jesus disse de forma simples: Se você quer ser meu discípulo, deve negar a si mesmo, tomar a cruz e seguir-me.

George MacDonald escreve: "De bom grado, ele os livraria de sua miséria, mas ele conhece apenas um caminho: ensinará aos outros a ser como ele mesmo, mansos e humildes, carregando com alegria o jugo da vontade de seu Pai. Essa é a única forma, a única forma correta, a única maneira possível de libertá-los de seu pecado, a causa de sua inquietação".

75. A retirada da vida humana

No esforço implacável para impedir que o mundo me force em seu próprio molde (veja Rm 12.1-2), minha mente está sempre fazendo comparações e conexões, tentando testar o raciocínio do mundo pelo crivo das Escrituras. Quando li sobre a execução no Texas de Charles Brooks, Jr., por injeção letal, fiz uma dessas conexões. Lembrei-me de outra notícia, alguns meses antes, sobre um gêmeo que foi silenciosamente despachado, por meio de uma agulha em seu coração, enquanto ainda estava no ventre de sua mãe. A ciência médica avançou até o estágio em que é possível remover os seres humanos da cena deste mundo de forma limpa e gentil (assim dizemos a nós mesmos) e sem muito trauma para os carrascos e o público que consente. Sobre o trauma da vítima, preferimos não refletir muito.

Uma das pessoas a que me refiro, claro, era um homem adulto, condenado por assassinato. A outra estava longe de ser adulta; nem sequer havia nascido. Ninguém queria que ela nascesse porque não era "muito normal". Uma pessoa, sem dúvida, mas não exatamente uma pessoa "normal". Então, como a mãe queria muito que o gêmeo normal nascesse, ficou muito feliz por poder livrar-se do anormal de uma forma tão prática.

Em uma matéria da revista *Time* (20 de dezembro de 1982) sobre a execução de Brooks, Roger Rosenblatt escreveu sobre a ânsia do público por uma "execução suave", mas também sobre sua fome de saber os detalhes do último jantar e as últimas palavras do prisioneiro, sua posição na maca e como os tubos que carregariam o veneno até sua corrente sanguínea estavam conectados. Estranho que ainda haja todo esse fascínio numa época em que há um forte protesto, pelo menos na mídia, contra a pena de morte para os criminosos. Não há protesto nas principais revistas contra a pena de morte para crianças ainda não nascidas, nem interesse semelhante por fotos ou descrições de como isso é feito. Poucas pessoas estão dispostas a investigar os detalhes do que acontece com os pequenos corpos que estão diariamente, a pedido de suas mães, e com o consentimento da Suprema Corte,[14] sendo descartados por técnicas químicas, farmacêuticas e mecânicas sofisticadas.

As instalações disciplinares no Texas e as instalações de aborto em hospitais são igualmente minuciosas em seus esforços para garantir que o método *funcione*. Imagine o constrangimento se Charles Brooks tivesse conseguido escapar das alças que o prendiam à maca, ou se o fluido silencioso tivesse sido, de alguma forma, obstruído nos tubos! Ninguém quer que isso aconteça. Também é um grande desastre quando um aborto resulta em uma criança viva, e não em uma morta. Algumas cenas terríveis ocorrem nos berçários hospitalares quando um bebê que seria destinado à lata de lixo é levado para lá. O que se deseja nos casos tanto do assassino como do feto indesejável é a morte, a morte pura, o "espetáculo da vida removida".

Não me interpretem mal. Creio que a pena capital é necessária e justa. Creio que o aborto é assassinato. Ambos são terríveis para qualquer humano, parece-me. Certamente, não importa quais sejam

---

14 N. T.: O precedente jurídico que permitia o aborto em todo o território americano [Roe *v.* Wade], estabelecido em 1973, foi suspenso em 2022 por outra decisão da Suprema Corte americana. Agora o aborto é permitido ou não em cada estado, de acordo com as leis locais.

nossas convicções e declarações públicas, sempre nos contorcemos por dentro diante do horror de tudo isso. Mas um é ordenado por Deus — o mal deve ser combatido pela justiça pública; o outro é proibido. Não podemos, sem sua expressa direção, tomar a vida humana em nossas mãos. Não devemos imaginar que podemos, de alguma forma, atenuar o fato gritante e chocante da morte, tornando-a privada. Apenas algumas pessoas, incluindo quatro repórteres e a namorada de Brook, foram autorizadas a testemunhar sua morte. Agora, um aborto é chamado de *assunto privado*, algo a ser decidido apenas por uma mulher e seu médico. Ao torná-lo rápido, fácil e limpo, não vamos fugir da verdade de que alguém está sendo assassinado.

Rosenblatt, em seu ensaio, vislumbra o dia em que poderemos "expulsar os bárbaros". É bárbaro, então, proferir julgamento dessa forma a um assassino, mas civilizado injetar um veneno letal no coração de uma criança que ainda não cometeu pecado?

Paulo escreveu ao jovem ministro Timóteo para adverti-lo do tipo de mal contra o qual ele deveria guardar-se. "Os homens serão egoístas, avarentos... mais amigos dos prazeres que amigos de Deus, tendo forma de piedade, negando-lhe, entretanto, o poder. Foge também destes... também estes resistem à verdade. São homens de todo corrompidos na mente, réprobos quanto à fé" (2Tm 3.2, 5-6, 8-9). Deus nos ajude não apenas a defender a verdade, mas também a obedecer a ela de forma escrupulosa, para que não percamos a capacidade de pensar como cristãos.

76. Dê-lhes vaga no estacionamento, mas deixe-os morrer de fome

Outro limite moral foi ultrapassado quando um bebezinho, a pedido específico de seus pais e com a sanção do Supremo Tribunal de Indiana, morreu de fome em um hospital. "Bebê Doe"[15] (ele não teve o reconhecimento usual de ser humano, recebendo um nome), nascido com síndrome de Down e o esôfago defeituoso (o que poderia ter sido corrigido com uma cirurgia), morreu, como o *Washington Post* (18 de abril de 1982) afirmou, "não porque não poderia sustentar sua própria vida sem aparelhos médicos de um milhão de dólares, mas porque ninguém o alimentou". Durante seis dias, as enfermeiras daquele hospital em Bloomington seguiram sua rotina habitual de dar banho, trocar e alimentar todos os recém-nascidos, exceto um. Elas deram banho e trocaram o bebê Doe, mas nunca lhe deram uma mamadeira. Sobre seu berço, havia um aviso: NÃO ALIMENTAR. Vários casais se apresentaram, implorando para adotá-lo. Todos foram rejeitados.

O que aconteceu naquela pequena caixa durante aqueles seis dias e noites terríveis? Temos de desviar nossa imaginação. É algo impensável. Mas, se eu pensasse a esse respeito e colocasse no papel o que minha mente viu, seria acusada de brincar com os sentimentos das pessoas e de fazer do infanticídio (sim, *infanticídio* — chame-o pelo nome) uma "questão emocional". Deixe-me

---

15 N. T.: "Doe" é um nome genérico para uma pessoa não identificada (algo como "fulano" em português).

supor pelo menos que o bebê chorou — muito alto (a princípio). Um relato diz que ele foi colocado em uma sala sozinho, para que seu choro não perturbasse os outros (outros, talvez, que seriam capazes de ajudá-lo).

Joseph Sobran, em sua coluna no *Los Angeles Times Syndicate*, sugeriu que "a oposição ao infanticídio em breve será deplorada como o dogma de algumas seitas religiosas que querem impor seus pontos de vista sobre todos os outros". A linguagem soa repugnantemente familiar.

Tem havido um silêncio notável daqueles que costumam levantar protestos estridentes quando outros direitos humanos são violados — os direitos de fumantes, homossexuais e criminosos são frequentemente tão defendidos quanto os de crianças, mulheres e pessoas com deficiência.

Pessoas com deficiência? O que será que está acontecendo quando uma sociedade é cuidadosa a ponto de fornecer vagas de estacionamento melhores para facilitar as coisas para essas pessoas, mas não vê a menor inconsistência quando uma dessas pessoas que é jovem demais para gritar: "Pelo amor de Deus, me alimente!" é silenciosamente assassinada? É em nome da humanidade, da compaixão e da liberdade que essas coisas acontecem, mas nunca se reconhece que as verdadeiras razões são o conforto e a conveniência, ou seja, o simples egoísmo. "O aborto não só prefere o conforto, a conveniência ou a vantagem da mulher grávida sobre a própria vida de seu filho por nascer, uma coisa fundamentalmente boa, como também procura negar que a vida sequer existe. Nesse sentido, é uma negação radical não apenas do valor de uma vida específica, mas também da bondade essencial da própria vida e da ordenação providencial de sua procriação."[16]

Mas não estávamos falando de infanticídio e mudamos para aborto? As premissas sobre as quais o aborto é justificado são fundamentalmente as mesmas segundo as quais o infanticídio é visto como civilizado e aceitável. O que Hitler costumava chamar de *eugenia* agora é chamado de "qualidade de vida", não importa se a vida em questão é da mãe ou da criança. A morte, de acordo com três médicos que expuseram a questão no *New England Journal of Medicine*, em 1973, hoje é considerada uma opção no "tratamento" de bebês; em outras palavras, um necrotério agora pode substituir o berçário. Não se pode deixar de pensar nos "chuveiros" antissépticos do Terceiro Reich, onde os indesejados eram "tratados" até a morte. Tampouco é possível esquecer as palavras de Jesus: "Em verdade vos afirmo que, sempre que o fizestes a um destes meus pequeninos irmãos, a mim o fizestes" (Mt 25.40).

Acaso algum cristão pode argumentar que os menores e mais indefesos, em virtude apenas de serem muito pequenos e muito indefesos, não são seus irmãos?

---

16 R. V. Young, "Taking Choice Seriously", *The Human Life Review*, v. VIII, n° 3.

77. O que está acontecendo?

O que está acontecendo em nossa cultura? Receio que a resposta seja clara em Romanos 1 e 2. Os homens tornam a verdade muda e inoperante por sua maldade. Eles se recusam a reconhecer Deus ou agradecer a ele pelo que é ou faz. Eles se tornam nulos em seus raciocínios. Atrás de uma fachada de sabedoria, tornam-se loucos. Eles desistem de Deus. Eles abandonam a verdade de Deus e aceitam uma mentira. Eles transbordam de orgulho insolente; suas mentes transbordam de invenção diabólica. Eles não reconhecem nenhuma obrigação de honrar, perdem todo o afeto natural e não veem utilidade na misericórdia. Eles não hesitam em dar sua aprovação completa a outros que fazem o mesmo (veja Romanos 1.18–2.5).

Podemos condená-los sem nos sujeitarmos ao mesmo padrão de julgamento pelo qual condenamos? Claro que não. O julgamento deve ser *justo* (Jo 7.24), baseado na Palavra de Deus.

Deus "retribuirá a cada um segundo o seu procedimento: a vida eterna aos que, perseverando em fazer o bem, procuram glória, honra e incorruptibilidade; mas ira e indignação aos facciosos, que desobedecem à verdade e obedecem à injustiça [...] glória, porém, e honra, e paz a todo aquele que pratica o bem" (veja Rm 2.6-10).

Acalme-se agora todo cuidado ansioso;
Veja a grande bondade de Deus em todos os lugares,
Deixe tudo com ele em perfeito descanso;
Ele fará todas as coisas para o melhor.

Do Alemão

78. Um nascimento pode ser errado?

A ficção científica mais louca não pode exceder em indignação diante de alguns dos precedentes legais que foram estabelecidos nas últimas décadas. Li, em uma revista sobre "nascimento indevido", que os pais estavam processando um médico porque seu filho nascera como resultado de negligência do praticante: por exemplo, uma vasectomia defeituosa, falha em um aborto ("falha" em um aborto, não se esqueça, significa que a criança planejada para o monte de lixo nasce viva e ativa, por assim dizer), ou falha do médico em fornecer aos pais métodos contraceptivos adequados.

Há também processos de "vida indevida", em que a *criança* processa o médico porque, para ela, teria sido melhor não ter nascido. Sua própria vida é "indevida". A criança, em outras palavras, tinha o direito de não nascer. Como, exatamente, o tribunal aferiria os danos no caso de uma criança saudável? Haveria prêmios se houvesse defeitos.

A única boa notícia nesse artigo terrível foi que, em um caso de nascimento indevido em Illinois, em 1979, o tribunal considerou que o nascimento de uma criança saudável é um direito estimado, e não um erro compensável. Na Inglaterra, pelo menos até a primavera de 1983, a decisão era de que a entrada em vida não deveria ser a base para uma ação legal.

"Senhor, não é soberbo o meu coração, nem altivo o meu olhar", escreveu o salmista (Sl 131.1); "não ando à procura de grandes coisas, nem de coisas maravilhosas demais para mim". Receio que tenhamos interferido demais nos mistérios da vida e da morte, em vez de deixá-los para aquele que detém as chaves.

79. Um presente não abortado

Um cristão africano escreveu a um amigo nos Estados Unidos:

> Temos seis filhos. Tínhamos concordado em parar de ter filhos. Até começamos um planejamento familiar depois que o último nasceu, mas (e um grande "mas") descobrimos que C. estava grávida. Não sei o que aconteceu. Minha esposa e eu começamos a chorar porque não sabíamos o que fazer. Temos perguntado a Deus e dito a ele que seis filhos eram suficientes para nós. No entanto, mais tarde, fomos confortados pelo próprio Deus porque ele disse que nunca nos deixará e nos protegerá com os menores. Portanto, peço que ore por nós. C. está esperando a criança para daqui a três meses. Lembre-se de que não estávamos prontos para ter esse bebê. Ore para que possamos receber com alegria o bebê como um presente do Deus Todo-Poderoso. É minha oração que minha esposa seja capaz de suportar todo esse fardo e que o bebê seja uma bênção para nós. Você sabe que temos dois garotos com anemia falciforme. Por favor, ore conosco para que Deus não nos dê outro filho assim. Irmãos, tenho sofrido com esses meninos doentes e não queremos outro desse tipo. Isso acabará conosco. Passamos muitas noites sem dormir durante todos estes anos por causa das dores desses filhos... Mas tenho o prazer de dizer que não há nada que me separe do Amor de Deus... Ore, ore por nós. Deus abençoe a todos vocês.

Não conheço esse homem, mas orei por ele, e por todos os outros que, diante do que o mundo chamaria de "boas razões para o aborto", recebem seus filhos daquele que os criou, e que disse: "Qualquer que receber uma criança, tal como esta, em meu nome, a mim me recebe" (Mc 9.36).

80. Crianças descartáveis

Uma decisão da Receita Federal americana agora permite aos pais isenção de impostos se um filho que seria abortado viver por um período de tempo. O elaborado caminho mental necessário para justificar tal ação é mais ou menos assim: o que deveria ser descartado não é uma criança. É chamado de "p.d.c." (produto de concepção, o que, naturalmente, as crianças e todos nós somos). A má notícia é que esse tecido descartável acabou por ser uma criança e (infelizmente) *nasceu*. A boa notícia é que você pode obter isenção de imposto para uma criança dependente. A notícia melhor é que sua dependência é apenas temporária. Chame de criança, então, até conseguir seu dinheiro. Você não precisa se dar ao trabalho de mantê-la. Pode chamar de tecido novamente e descartá-la. Assim, o erro do abortista se torna a sorte do contribuinte, e o médico que ordena que a criança seja abandonada (ou seja, morta por negligência e, eventualmente, até mesmo por meios ativos) não é acusado de assassinato, mas pago pelo que agora é chamado de aborto pós-parto. Você enfrentará o absurdo chamado "pró-escolha"? Você entende as respectivas implicações?

"[...] por haverem desprezado o conhecimento de Deus, o próprio Deus os entregou a uma disposição mental reprovável, para praticarem coisas inconvenientes, cheios de toda injustiça, malícia, avareza e maldade [...] sem afeição natural e sem misericórdia. (Rm 1.28, 29, 31)

81. Um novo avanço médico

Como já mencionei, há algum tempo li sobre um novo triunfo médico envolvendo gêmeos por nascer. A amniocentese mostrou que um deles tinha síndrome de Down. A mãe decidiu que não queria aquele filho, então, com o simples expediente de perfurar o coração do bebê com uma agulha longa, ele foi morto ainda no útero. Ela carregou os gêmeos até o fim e deu à luz uma criança viva — aquela que ela queria manter — e uma criança morta — aquela que ela não queria manter. Isso foi aclamado como um avanço notável. Peço-lhe que faça uma pausa por um instante aqui e avalie a seguinte pergunta: o que, exatamente, foi morto? O que não foi morto? A resposta a ambas as perguntas, claro, é uma criança. Ambas eram crianças. Eram gêmeos. Usei palavras simples e comuns para contar a história — as palavras que o noticiário também usou. Nada ambíguo. Nada incendiário.

Na semana seguinte, li na mesma revista sobre outro avanço médico. Dessa vez, os médicos usaram um instrumento inserido no útero não para matar uma criança, mas para salvar uma. Essa criança tinha uma anomalia cardíaca grave que pôde ser corrigida com uma cirurgia intrauterina. É possível que qualquer pessoa honesta e razoável deixe de fazer a comparação aqui? No segundo caso, o instrumento na mão do cirurgião permitiu que o minúsculo coração continuasse trabalhando. No primeiro, a agulha na mão do cirurgião fez o coração parar de funcionar. Como, exatamente, devemos chamar isso?

A cirurgia intrauterina foi chamada de *salvadora de vidas* porque eles consertaram o coração defeituoso de um bebê. Qual linguagem podemos usar quando falamos em destruir um coração que está funcionando perfeitamente? Há uma palavra simples e óbvia, mas não podemos usá-la. Bem, e que tal *destruidora de vidas*? Esse termo é permitido para essa técnica limpa e eficiente? Bem, na verdade, não. Porque a palavra *vida* é explosiva. A vida não é relevante aqui. É a vida da mãe que devemos considerar, e nenhuma outra. A outra não é uma vida — não uma vida que valha a pena viver, nem uma vida que valha o sofrimento da mãe. Portanto, não devemos usar as palavras comuns. São muito emocionais. Estão carregadas. O fato é que pararam o coração. É só isso. Só fizeram com que parasse de bater.

Fiquei feliz porque o redator do artigo sobre o bebê cujo coração foi corrigido reconheceu a possibilidade de que a cirurgia fetal levantasse uma questão ética que o mundo médico imaginou haver encerrado em definitivo. Seria necessário, diante desses avanços, perguntar de novo se um feto é uma pessoa?

Atualmente, essa é a questão. É, em última análise, a única questão que deve ser considerada quando falamos do não nascido. É algo descartável? É um objeto sem vida própria, um pedaço de tecido que pertence a uma mulher que tem o direito de fazer com ele o que ela própria escolher? Se ela precisar e quiser, ficará com ele. Se não precisar e não quiser, lançará fora. Então, por que toda essa gritaria?

A veracidade é a disposição em aceitar fatos. Os que falam a verdade são sempre considerados ridículos ou tão perigosos que merecem a morte. "Nenhuma verdade", escreveu Hannah Arendt, "que atrapalhe o lucro, a ambição ou a luxúria de alguém é permitida. Fatos indesejados apresentam uma teimosia irritante que nada pode mobilizar, exceto puras mentiras".

Aqui estão os fatos indesejados. Estávamos falando de crianças: o gêmeo que foi salvo, a criança com o coração defeituoso que também foi salva e o gêmeo cujo coração foi perfurado com uma agulha. Eram crianças. Escolhas foram feitas em relação a essas crianças: escolhas deliberadas e conscientes. Uma, permitir que uma criança viva. Outra, intervir cirurgicamente para que uma criança que iria morrer pudesse viver (o cirurgião que realizou essa operação teria sonhado em dizer à mãe que seu bebê não era uma pessoa? Ele salvou sua vida, e a mãe ficou grata). Mas, no outro caso, qual foi a escolha? Matar uma criança. Esses são os fatos indesejados, mas esses fatos são irritantemente persistentes. Eles não vão embora. Era uma criança. Que foi morta. Nada mudará esses fatos, exceto mentiras.

Peço sinceramente que olhem para a pequena criatura com olhos e mãos e coração batendo, mantida naquele lugar mais seguro, o ventre da mãe. Nenhuma mulher que tem algo assim dentro de si duvida que carrega um filho. Nenhum médico que o extrai por qualquer meio rápido e supostamente seguro pode negar que o que ele extrai é um ser humano, e que o que ele faz é matá-lo.

Peço, pelo amor de Deus, que você olhe para a verdade. E peço, enfim, que pense no que Jesus disse: "Em verdade vos afirmo que, sempre que o fizestes a um destes meus pequeninos irmãos, a mim o fizestes" (Mt 25.40). Jesus não esquecerá.

82. Mulheres: a estrada à frente

Uma edição especial de uma das principais revistas de notícias tinha esse título como tema. Havia fotos de mulheres na prisão com bebês; um "bebê do crack" inconsolável com um emaranhado de tubos conectados a máquinas, chorando a plenos pulmões; uma mãe acusada de um crime: entrega de drogas para seu filho recém-nascido; mulheres na política "compartilhando poder real em vez de cosmético"; uma mulher muçulmana com véu; dez mulheres decididas que "criam regras individuais para o sucesso", como, por exemplo, uma chefe de polícia, uma bispa, uma escaladora, uma dona de clube de beisebol, uma artista de *rap*, uma magnata da moda, uma *chef* indiana e outras. Havia mães solteiras, mães lésbicas, mães divorciadas, mães que trabalhavam (fora de casa). Havia uma garota de 12 anos que preparava o jantar para as irmãs quando mamãe trabalhava até tarde, e havia um homem que era "dono de casa". Mas não havia nem uma foto sequer de um pai e uma mãe com seus filhos. Nenhuma foto.

"Uma coquilha genital foi o presente de despedida quando Marion Howington se aposentou no ano passado do outrora posto masculino de vice-presidente sênior na J. Walter Thompson... Para Howington, com seus impressionantes sessenta anos, tendo começado a galgar os níveis da agência em Chicago, em 1967, a chave para o sucesso era 'ser agressiva' e 'pensar como um homem'. 'Não há uma mulher em qualquer lugar que tenha tido sucesso nos negócios que não seja dura, egocêntrica e enormemente agressiva.'"

As leitoras ocasionalmente me perguntam por que escrevo sobre coisas horríveis. Bem, para incentivar a oração e para nos lembrar de que não nos envolvemos em uma guerra simplesmente contra carne e sangue. Como Efésios 6 diz, lutamos "contra os principados e potestades, contra os dominadores deste mundo tenebroso, contra as forças espirituais do mal, nas regiões celestes [...] Estai, pois, firmes, cingindo-vos com a verdade e vestindo-vos da couraça da justiça. Calçai os pés com a preparação do evangelho da paz [...]. Tomai também o capacete da salvação e a espada do Espírito, que é a palavra de Deus" (Ef 6.12, 14, 17).

Havia pelo menos uma nota alegre nessa edição especial. Sessenta e seis por cento das mulheres entre 18 e 24 anos responderam sim à seguinte pergunta: "Se você tivesse a oportunidade, estaria interessada em ficar em casa e criar filhos?". Eles estão começando a ver que o mundo corporativo não é um passeio no parque. Houve encorajamento também em uma carta enviada a Ann Landers, de uma ex-executiva:

> De repente, percebi que eu tinha minhas prioridades invertidas e que meus filhos merecem algo melhor. Tive de admitir que me sentir realizada em minha carreira era uma ilusão. Posso não encontrar isso na maternidade também, mas agora sei o que realmente importa. Depois de nove anos pagando alguém para criar meus filhos, fui forçada a admitir que minha família é mais importante para mim do que qualquer outra coisa. Queria ter entendido isso quando meu primeiro filho nasceu. Agora tenho trinta e seis anos e fico feliz em dizer que

estamos esperando nosso terceiro filho... Isso significa reduzir as férias, e nosso entretenimento será reduzido a pipocas e assistir a vídeos com alguns velhos amigos... Nenhum sucesso na vida pode compensar o fracasso em casa.

Recebi uma carta de alguém que tomou para si o objetivo de ser como a mulher piedosa de Tito 2.3-5. Como de costume, quando alguém decide obedecer ao Senhor,

> ...o inimigo estava lá me fazendo sentir como se todo o meu mundo estivesse em uma montanha-russa, que minha família não era importante, que eu sou inútil, preguiçosa, porque eu sou uma dona de casa. Eu ficava tão cansada às vezes que mal conseguia servir as refeições na mesa. Eu ouvia comentários como: "Oh, você não está trabalhando mesmo? Como vocês conseguem viver com uma renda só? É difícil para seu marido! O que você faz o dia todo? Você deve estar entediada!".
>
> Enquanto meu marido e eu ouvíamos seu programa, reafirmamos os objetivos que havíamos estabelecido e os confiamos ao Senhor mais uma vez... Ore para que eu seja forte e corajosa e permaneça fiel, com a atitude de submissão de uma verdadeira serva do Senhor.

Temos de orar pelas mulheres. Elas precisam de todo o incentivo possível. E, infelizmente, esse incentivo nem sempre vem de outros cristãos. Outro dia, vi uma linda garota no mercado, com a mais doce das menininhas em seu carrinho de supermercado. Perguntei sobre aquela bebê de cinco meses, sua única filha até então.

"Você consegue ficar em casa para cuidar dela?"

"Ah, sim! Não consigo nem imaginar colocá-la na creche."

Dei minha bênção a ela. Talvez até mesmo uma breve palavra de um estranho possa fazer a diferença para uma jovem mãe.

A oração se apropria do plano de Deus e se torna o elo entre a vontade dele e sua realização na terra. Acontecem coisas que não aconteceriam sem oração. Não podemos esquecer isso. Coisas surpreendentes acontecem, e nós temos o privilégio de ser os canais de oração do Espírito Santo. Enquanto oramos *contra* o aborto, a pornografia, a homossexualidade, o divórcio e as drogas, e *pelo* fortalecimento dos lares e das famílias, muitas vezes nos sentimos impotentes e sem esperança até nos lembrarmos: "não sabemos orar como convém, mas o mesmo Espírito intercede por nós sobremaneira, com gemidos inexprimíveis" (Rm 8.26).

Seção cinco
O LAR CRISTÃO

Em minhas tentativas de promover o conforto de minha família, a quietude de meu espírito foi abalada. Parte disso se deve, sem dúvida, à fraqueza física; mas, para cada tentação, há uma maneira de escapar; nunca há necessidade de pecar. Outra coisa em que sofri uma perda: iniciar as tarefas do dia sem procurar ter meu espírito aquietado e direcionado. Tantas coisas me pressionam que isso às vezes é negligenciado; é uma vergonha para mim que seja assim.

Isto é de grande importância: observar com cuidado — agora estou tão fraca — para não me cansar demais, porque, então, não posso contribuir para o prazer dos outros; e um rosto plácido e um tom gentil farão minha família mais feliz do que qualquer outra coisa que eu possa fazer por eles. Às vezes, nossa própria vontade interfere, infelizmente, no desempenho de nossos deveres.

Elizabeth T. King

83. Contextos

Há algum tempo, um escritor da revista *New Yorker* analisou a televisão como "o contexto do não contexto". Pense nisso. O único contexto em que as palavras estão vindo para nós da tela é nossa sala de estar ou cozinha, que nada tem a ver com quem está falando. O pano de fundo do palestrante geralmente é um estúdio de TV, que sabemos ser um cenário. Portanto, estamos dispensados de avaliar o que é dito em termos de contexto. Não há nenhum.

Em que contexto um cristão vive, se move, age, pensa, decide? Deve ser o contexto do Reino de Deus. Ou vivemos nesse Reino, ou vivemos no mundo; ou nos baseamos na Bíblia ou na mídia; ou estabelecemos nossas metas de acordo com o que vai importar para sempre ou de acordo com a citação do dia.

Pense, no contexto do reino de Deus, neste evento real em uma sala de aula de escola pública. A professora perguntou a cada criança o que sua mãe fazia. Havia apenas uma criança cuja mãe não trabalhava fora de casa.

> Professora: "Então, o que sua mãe faz?"
> Criança: "Ela, bem, faz coisas pela casa, sabe."
> Professora: "Quer dizer que ela cozinha e limpa? Ela passa roupas, faz as camas?"
> Criança: "Sim."
> Professora: "Então, você poderia dizer que tem uma mãe *tradicional*, é isso?"

Criança: "Sim."

Professora (com um olhar longo e perspicaz): "E você *gosta* disso?"

Considere o contexto do qual provêm as perguntas dessa professora. Não é um contexto que reconhece qualquer desígnio divino para o lar, qualquer glória no serviço, qualquer disposição alegre em fazer um trabalho humilde sem pensar em lucro ou reconhecimento. Considere a pressão exercida sobre uma criança pequena para questionar o único contexto que sua vida teve, o contexto que, até então, significava segurança, normalidade e felicidade para ela. Ela se perguntará se sua mãe é algo exótico, se sua casa não é uma casa comum.

Não é à toa que a passagem clássica sobre a guerra do cristão vem imediatamente após as instruções específicas de Paulo sobre as relações humanas mais estreitas: esposas, submissão; maridos, amor; pais, não incitar seus filhos à ira. Essas são as áreas de ataque mais cruéis e implacáveis. O lar cristão é uma fortaleza, e o inimigo nunca desistirá de suas tentativas de miná-lo ou de violar sua santidade.

> Revesti-vos de toda a armadura de Deus, para poderdes ficar firmes contra as ciladas do diabo; porque a nossa luta não é contra o sangue e a carne [como agentes corruptos do governo, integrantes de conselhos escolares ou até mesmo cônjuges ou filhos insuportáveis], e sim contra os principados e potestades, contra os dominadores deste mundo tenebroso, contra as forças espirituais do mal, nas regiões celestes. Portanto, tomai toda a armadura de Deus [...] (Ef 6.11-13).

A oração é uma arma poderosa. É uma arma indispensável. É preciso ter prática para empunhá-la. É preciso reunir coragem, tempo e energia espiritual.

84. Minha mãe

Ela era Kath para seus amigos íntimos, Dearie para meu pai e sempre Mãe (nunca Mamãe) para seus seis filhos. Ela nos segurava no colo quando éramos pequenos e nos balançava, cantava para nós e nos contava histórias. Implorávamos pelas histórias de "quando você era uma garotinha". Katharine Gillingham nasceu em 21 de junho de 1899, na Filadélfia. Adorávamos ouvir sobre o mordomo que fazia truques para ela pelas costas dos pais e sobre o carteiro alarmado que havia corrido para resgatar a criança gritando com o braço dentro da boca de um cachorro até ouvir o que a criança estava dizendo: "Ele pegou meu *amendoim!*". Em 1922, ela se casou com Philip E. Howard Jr., um homem que, por haver perdido um olho em um acidente, tinha certeza de que nenhuma mulher o aceitaria. Eles trabalharam por cinco anos com a Missão Evangélica Belga, depois voltaram para os Estados Unidos, quando, então, ele se tornou editor associado (mais tarde editor) do *The Sunday School Times*.

A trajetória da minha mãe foi concluída em 7 de fevereiro de 1987. Ela estava acordada e vestida como de costume pela manhã, na Casa Presbiteriana de Quarryville, na Pensilvânia, almoçou com a ajuda de seu andador, deitou-se depois, tendo comentado com naturalidade com alguém que ela sabia que estava morrendo e se perguntava onde seu marido se encontrava. No final da tarde, uma parada cardíaca a levou, muito silenciosamente.

Cada um de nós (em ordem cronológica) usou alguns minutos no funeral para falar de algum aspecto do caráter da Mãe. Phil falou de sua consistência e disponibilidade infalível como mãe; de seu amor pelo pai ("ele sempre foi meu amor", dizia ela). Lembrei-me de como ela costumava enxugar os olhos na mesa, rindo até chorar com algumas das descrições bizarras de meu pai, ou mesmo com suas piadas, muitas delas já conhecidas; de como ela era obediente ao padrão do Novo Testamento de mulher piedosa, incluindo hospitalidade. Dave falou sobre sua entrega irrestrita ao Senhor, primeiro de si mesma (na Conferência Stony Brook, em Nova York) e depois, dolorosamente, anos depois, no Prairie Bible Institute, no Canadá, de seus filhos; de como, quando saímos de casa, ela nos seguiu não apenas com oração, mas, por quarenta anos, sem quase nenhuma pausa, com uma carta semanal. Ginny contou como o exemplo da Mãe lhe ensinara o que significava ser uma dama; como disciplinar a si mesma, seus filhos, sua casa. Tom se lembrou dos livros que ela lia para nós (A. A. Milne, Beatrix Potter, *Sir Knight of the Splendid Way*, por exemplo) e das músicas que ela cantava enquanto embalava cada um de nós quando éramos pequenos ("Safe in the Arms of Jesus", "Go Tell Aunt Nancy"), moldando nossa visão de vida. Jim a imaginava sentada em sua cadeira de balanço, na janela do quarto, depois de lavar os pratos do café da manhã, sentada em silêncio diante do Senhor com a Bíblia, o *Luz Diária* e seu caderno.

Os últimos três anos foram tristes para todos nós. A arteriosclerose afetou sua mente e ela se sentia confusa e solitária ("Por que seu pai não veio me ver?" "Ele está com o Senhor há vinte e três anos, Mãe." "Ninguém me disse isso!"). Ainda uma dama, ela tentava estar habitualmente bem-arrumada e sempre oferecia uma cadeira àqueles que chegavam. Ela não havia perdido o bom humor, sua habilidade quase imbatível no jogo Scrabble, sua capacidade de tocar piano, cantar hinos e se lembrar de seus filhos. Mas ela queria que orássemos para que o Senhor a deixasse ir para casa, então fizemos assim.

    O funeral terminou com todos nós, os seis filhos, cantando "The Strife is O'er", então todos os membros da família, incluindo nossas amadas tias Alice e Anne Howard, cantaram "To God Be the Glory". A cerimônia fúnebre fechou com o "Doxology" (aquele com aleluias). Agora, pensamos nela amando-nos com um amor ainda maior, sua pobre e frágil mortalidade deixada para trás, seus olhos contemplando o Rei em sua beleza. "Se você soubesse o que Deus sabe sobre a morte", escreveu George MacDonald, "aplaudiria com suas mãos apáticas".

85. Orações em família

Quando eu era criança, meu pai e minha mãe nos reuniam, os seis filhos, na sala de estar depois do café da manhã, todos os dias, para a oração em família. Primeiro cantávamos um hino, sem omitir nenhuma das estrofes, acompanhados no piano por um de nossos pais. Foi dessa forma que aprendemos um pouco de teologia sólida sem qualquer esforço consciente. Devo enfatizar que eram *hinos* e antigas canções do evangelho que cantamos em casa. Não havia muito lugar então para refrões ou canções ao estilo *gospel*.

Há algumas famílias jovens que ainda fazem isso. Judy Palpant, de Spokane, que me ouviu contar sobre nossas orações em família, escreve:

> Nossos filhos sabem que você foi a inspiração para nossa tradição de três anos de cantar um hino em nossos devocionais familiares. Cantamos o mesmo hino todas as manhãs, durante um mês. Esta noite foi a primeira vez que contamos o número de hinos que aprendemos. As crianças ficaram impressionadas! Deixe-me assegurar-lhe que muitas palavras e verdades novas foram impressas em seus corações e mentes ao discutirmos os temas e as palavras do nosso hino escolhido. Nossos muitos convidados no café da manhã (especialmente quando estávamos na África) eram, com frequência, abençoados com o canto de um hino. Os pais do meu marido estavam nos visitando quando estávamos cantando "Savior, Like a Shepherd Lead Us". Esse

hino foi cantado no casamento deles. Em um ano, durante a temporada da Páscoa, estávamos aprendendo "When I Survey the Wondrous Cross on which the Prince of Glory Died". Um missionário do Quênia destacou as palavras "Prince of Glory" para nós, compartilhando algumas ideias conosco. Obrigada por esta ideia que enriqueceu tanto nossa família como nossos visitantes.

Uma leitora pergunta: "Que idade as crianças tinham quando seus pais começaram as orações em família? Por quanto tempo uma passagem era lida?". Acho que eles devem ter começado assim que a primeira criança nasceu. Eu sou a segunda, e não me lembro de uma época em que não houvesse orações familiares. Todos nós éramos incluídos, os menores sentados no colo. Meu pai lia no *Story of the Bible*, de Hurlbut (ele esgotou três exemplares de capa dura!), apenas uma página ou duas a cada manhã. À noite, depois do jantar, ele lia a parte noturna do devocional *Luz Diária*, que é pura Escritura. O hino vinha primeiro, depois a leitura, após (de manhã, porque não estávamos à mesa) nos ajoelhávamos para orar, com meu pai na liderança, fechando a sequência com todos repetindo a Oração do Senhor.

Eis a pergunta de outra leitora: "Como posso encorajar meu marido, na qualidade de líder espiritual da família, a fazer regularmente devocionais em família?". Essa é uma pergunta que me fazem com bastante frequência. Se ele é cristão, espero que esteja disposto pelo menos a ouvir a sugestão de sua esposa. Muitos homens acreditam que suas esposas são "mais espirituais" do que eles, e se sentem justificados em deixar o treinamento espiritual dos filhos por conta delas. Isso é um erro. O pai é o sacerdote no lar. Ele é o cabeça de sua esposa. É sua tarefa, atribuída por Deus, assumir a liderança espiritual. Não importa quão breve e simples possa ser o tempo devocional, não há como calcular o poder de seu efeito no longo prazo sobre as crianças. Elas aprendem muito cedo o lugar que Deus tem na vida de seus pais.

Meu pai era um homem muito simples; humilde, honesto sobre sua fé, mas reticente em falar a esse respeito. Não tínhamos nada como "momentos de compartilhar" em nossa família. Para nós, era algo raro conversar sobre coisas espirituais, especialmente sobre experiências pessoais. Mas nós sabíamos que nossos pais oravam em particular, liam suas Bíblias, e oravam e liam em voz alta conosco. Era uma rotina. Mas isso importava. Para mim, importa agora. Espero que talvez essas palavras de testemunho possam empurrar alguns desses pais cristãos reticentes a tomar coragem, assumir as rédeas e dizer: "Eu aprendi algo. Isso é importante. Mais importante, talvez, do que qualquer outra coisa que fazemos nesta casa. Vamos começar hoje".

86. Labuta

Devo admitir que sinto muita pressão com duas crianças que têm menos de dois anos de idade. No entanto, estou comprometida em fazer tudo até que estejam na escola, e sinto que essa é a vontade de Deus. Em momentos como este — quando me pergunto se serei capaz até mesmo de terminar esta carta com os dois gritando por algo — ou quando sinto falta de almoçar ou de me vestir, a vida cotidiana parece uma labuta. Eu me esforcei muito para fazer faculdade — para, agora, ser faxineira!

Eu entendo o choro dessa mãe. O Senhor também. Ele nos deu esta palavra: "Não vos sobreveio tentação que não fosse humana; mas Deus é fiel e não permitirá que sejais tentados além das vossas forças; pelo contrário, juntamente com a tentação, vos proverá livramento, de sorte que a possais suportar" (1Co 10.13).

"Um *livramento?*" Posso ouvi-la dizer: "Que mãe tem um livramento?".

A versão New English Bible lança luz sobre isso: "vos proverá livramento, *ao capacitá-lo a suportar a tentação*".[17] Pense também nas palavras de Jesus: "O meu jugo é suave e o meu fardo é leve" (Mt 11.30). Ele está disposto a carregar nossos fardos conosco, se tão somente formos até ele e compartilharmos o jugo, o seu jugo.

---

17 Tradução livre para o português da versão inglesa da Bíblia New English Bible.

Vi esse princípio em ação quando visitei a Dohnavur Fellowship, na Índia. Lá, dia após dia, ano após ano, as mulheres indianas (em sua maioria, solteiras) cuidam de crianças pequenas, crianças portadoras de deficiência, adultos enfermos e idosos. Elas não iam a lugar nenhum. Elas não têm nenhuma de nossas formas usuais de diversão e lazer. Elas trabalham com equipamentos extremamente primitivos — não há água corrente, por exemplo, não há fogões a não ser lenha, não há máquinas de lavar. Em um dos prédios, eu vi o seguinte texto: "Lá eles moravam com o Rei para o seu serviço". Esse é o segredo. Elas fazem isso por ele. Elas pedem e recebem sua graça para fazê-lo. E eu vi a alegria em seus rostos adoráveis.

87. Domingo de manhã

As manhãs de domingo podem ser um verdadeiro teste da santificação de uma mãe, especialmente se seu marido for um pastor que sai de casa muito mais cedo do que o restante da família. Recentemente, foi isso que aconteceu em uma casa (você é livre para especular de quem):

> O garoto de quinze anos não conseguia arrumar a camisa por causa de "algo a ver com os bolsos", e seu cinto era muito pequeno.
>
> A garota de treze anos estava tendo problemas para enrolar o cabelo.
>
> A menina de dez anos não conseguia encontrar a lição da Escola Dominical.
>
> O menino de oito anos não tinha feito suas leituras bíblicas porque não sabia quais eram.
>
> O quarto e o armário da menina de seis anos estavam inaceitavelmente bagunçados, e as meias que ela usava estavam enlameadas.
>
> A menina de três anos não conseguia encontrar a Bíblia. Embora ainda não soubesse ler, ela não conseguia pensar em ir à igreja sem a Bíblia.
>
> O cobertor do bebê desapareceu.

De alguma forma, a mãe deveria estar bem-cuidada, calma e capaz de colocar todo esse grupo em uma van, sentados e com cinto, conforme a lei exige, e levá-los à igreja a tempo.

Mas tudo nessa cena é da conta do Rei, e ele vê com simpatia e compreensão amorosas, pois, como disse o barão von Hügel: "A cadeia de causa e efeito que compõe a vida humana é cortada em todos os pontos por uma linha vertical que relaciona a nós e tudo o que fazemos a Deus". *Isso* é o que ele nos deu para fazer, essa tarefa aqui nesta terra, não a tarefa que desejaríamos fazer, mas essa. Os absurdos envolvidos nos colocam em nosso lugar. A grande discrepância entre o que imaginávamos e o que temos nos força a sermos *reais*. E Deus é nossa grande Realidade, mais real do que a mais real das condições terrenas, uma Realidade imutável. Foi sua providência que nos colocou onde estamos. Este é o nosso lugar. Cabe a nós recebê-lo — com tudo isso — humilde e silenciosamente, com gratidão.

Domingo de manhã, o Dia do Senhor, pode ser o exato momento em que tudo parece tão completamente alheio ao mundo do espírito que chega a ser ridículo. No entanto, para os amantes do Senhor, é apenas *aparentemente*. Tudo é assunto do espírito. Tudo, para aquele que ama a Deus e anseia, às vezes, com um anseio desesperado por um gole de Água Viva, um único toque de sua mão, uma palavra tranquila; tudo, eu digo, pode ser visto em sua perspectiva.

Ele assiste? Sim, "Tu és Deus que vê" (Gn 16.13). Seu amor nos cerca? "Com amor eterno, eu te amei" (Jr 31.3). "De maneira alguma te deixarei, nunca jamais te abandonarei" (Hb 13.5). Posso oferecer a ele meu sentimento do deslocamento entre a realidade e meus ideais, aquele grande abismo que separa a pessoa que anseio ser, o trabalho que anseio fazer por ele, a família que luto em aperfeiçoar para sua glória? Posso, de fato, pois é o próprio Deus quem estimula meu coração a desejar, e *ele* pode facilmente ver através do abismo. Ele envolve tudo isso, ele está operando em mim e naqueles pelos quais eu oro, "porque Deus é quem efetua em vós tanto o querer como o realizar, segundo a sua boa vontade" (Fp 2.13). Posso ter coragem, enviar um olhar instantâneo de gratidão e, bem, colocar esse rebanho amado na van e seguir pela estrada cantando!

O escritor inglês, senhor Thomas Browne, escreveu: "O homem é incuravelmente anfíbio; ele pertence a dois mundos — a dois conjuntos de deveres, necessidades e satisfações — ao Visível ou Este Mundo, e ao Invisível ou Outro Mundo".[18]

---

18 *Essays and Addresses*, 2ª série.

88. Uma palavra para os pais

Enquanto eu visitava a Columbia Bible College, na Carolina do Sul, encontrei na biblioteca um pequeno livro chamado *Father and Son* [*Pai e Filho*], escrito por meu avô, Philip E. Howard. Ele escreve:

> Você se lembra daquela palavra encorajadora de Thomas Fuller, um capelão do tempo de Oliver Cromwell? É uma boa passagem para um pai, com toda a humildade e gratidão, esconder em seus tesouros da memória:
>
> > Senhor, acho a genealogia do meu Salvador estranhamente marcada por quatro mudanças notáveis em quatro gerações imediatas. (1) Roboão gerou Abias; isto é, um pai mau gerou um filho mau. (2) Abias gerou Asa, isto é, um mau pai gerou um bom filho. (3) Asa gerou Josafá; isto é, um bom pai, um bom filho. (4) Josafá gerou Jorão; isto é, um bom pai gerou um mau filho. Eu vejo, Senhor, daqui, que a piedade de meu pai não pode ser herdada; essa é uma má notícia para mim. Mas também vejo que a impiedade real nem sempre é hereditária; essa é uma boa notícia para meu filho.

Em outro capítulo, o vovô Howard conta esta história:

> Um menino sensível e tímido, há muitos anos, estava acostumado a se deitar para dormir em um "leito baixo", que era enrolado sob a cama de seus pais durante o dia e trazido para uso noturno.

Enquanto ele estava lá sozinho, na escuridão, podia ouvir as vozes de seus pais, em sua sala de estar iluminada do outro lado do corredor, do outro lado da casa. Parecia-lhe que seus pais nunca dormiam; pois eles ficavam acordados quando ele era colocado na cama à noite, e os encontrava acordados quando saía de sua cama pela manhã. Até então, esse pensamento era motivo de alegria para ele, enquanto sua mente se ocupava de imaginações na estranha escuridão de seu quarto solitário.

Depois das palavras amorosas de boa-noite e dos beijos dados por seus pais, e de se aninhar para descansar, esse garotinho estava acostumado, todas as noites, a despertar mais uma vez e chamar de sua cama por seu pai de braços fortes, na sala da qual a luz brilhava, além do corredor sombrio: "Você está aí, papai?". E a resposta voltava alegremente: "Sim, meu filho, estou aqui". "Você vai cuidar de mim esta noite, papai, não vai?" "Sim, vou cuidar de você, meu filho", essa era a resposta reconfortante. "Volte a dormir agora. Boa noite." E o pequeno menino adormecia descansado, pensando naquelas palavras reconfortantes de boa-noite.

Era algo pequeno para o pai amoroso, mas grandioso para o filho sensível. Isso ajudou a moldar a vida do filho. Isso deu ao pai um domínio adicional sobre ele; e abriu caminho para uma compreensão mais clara de sua dependência da vigilância amorosa do Pai Maior. E até hoje, quando esse filho, ele mesmo um pai e um avô, se deita para dormir à noite, está acostumado, a partir das memórias dessa lição de muito tempo atrás, a olhar para cima através das sombras de seu lugar de dormir terreno, até a luz distante da presença de seu Pai, e a chamar, no mesmo espírito de confiança infantil e desamparo como há

muito tempo: "Pai, você vai cuidar de mim esta noite, não vai?".
E ouve voltar a resposta segura: "Não dormitará aquele que te guarda. O Senhor te guardará de todo mal; guardará a tua alma. Durma, meu filho, em paz". E assim ele percebe a dupla bênção das palavras de boa-noite de um pai.

Essa história, diz vovô, veio de seu próprio sogro, meu bisavô, Henry Clay Trumbull. Tenho um palpite de que Trumbull era aquele garotinho, e seu pai, meu tataravô.

89. O que uma esposa pode fazer?

Muitas mulheres me escrevem sobre seus maridos — algumas são gratas pelos homens piedosos que receberam; outras, profundamente perturbadas por seu comportamento ímpio. Ouço histórias de cristãos professos, pastores e líderes de igreja que abusam de suas esposas, negligenciam seus filhos, gastam dinheiro de forma negligente etc. Recentemente, várias escreveram sobre homens que, com frequência, se entregam a pecados sexuais de algum tipo. Normalmente, a esposa me diz haver confrontado o marido com a palavra de Deus, pedindo que ele desista, implorando-lhe para se submeter a aconselhamento cristão, discutindo o efeito prejudicial que isso tem sobre o casamento deles e pedindo que entenda quão profundamente está ferindo aqueles que o amam. Ele se faz de surdo.

O que uma *esposa* pode fazer? *Essa* é a pergunta que me fazem. Se me perguntassem o que os maridos deveriam fazer, a resposta seria simples: pare com isso. Quando digo *simples*, claro, não quero dizer *fácil*. Primeiro, um homem deve arrepender-se e reconhecer sua incapacidade, o que pode ser mais difícil para um homem do que para uma mulher. Então, ele deve estar disposto a aceitar a ajuda de outras pessoas que trilharam o mesmo caminho. A responsabilidade e o encorajamento podem ajudá-lo a ver seu pecado pelo que ele é.

Deus nos deu uma vontade, e promete a força para dizer não à tentação. Ele nunca nos deixa ser tentados além de nossa capacidade de resistir. Ele nos dará toda a ajuda que estivermos *dispostos* a receber. "Ouve-me, SENHOR; observo os teus decretos. Clamo a ti; salva-me, e guardarei os teus testemunhos. Antecipo-me ao alvorecer do dia e clamo; na tua palavra, espero confiante. Os meus olhos antecipam-se às vigílias noturnas, para que eu medite nas tuas palavras" (Sl 119.145-148). O homem cuja tentação é a pornografia, por exemplo, não é *forçado* a ir até o filme explícito, abrir o correio pornográfico ou a revista, ou visitar a livraria "adulta". Mas, claro, ele não está pedindo conselhos a mim ou a qualquer outra pessoa. Ele não quer. Nenhuma quantidade de aconselhamento, profissional ou não, mudará sua luxúria, a menos que ele esteja disposto a ser mudado. Deve haver uma prontidão para fazer o que Deus diz. "Esta é a vontade de Deus: a vossa santificação, que vos abstenhais da prostituição; que cada um de vós saiba possuir o próprio corpo em santificação e honra, não com o desejo de lascívia, como os gentios que não conhecem a Deus" (1Ts 4.3-5). Isso é o que Deus tem a dizer sobre o assunto, e ele nunca deu um mandamento que não sejamos capacitados a obedecer. É *sempre* possível fazer a vontade de Deus.

Em alguns casos, a esposa não sentiu que era *seu* dever confrontá-lo. Enquanto meu primeiro impulso foi dizer que ela deveria, mais pensamento e mais oração me convenceram de que ela pode estar certa. Acaso não devemos ter um espírito manso e tranquilo? É o papel da esposa confrontar, em vista de 1 Pedro 3.1-2, 6? "[Para que o marido] seja ganho, sem palavra alguma, por meio do procedimento de sua esposa, ao observar o vosso honesto comportamento cheio de temor [...] como fazia Sara [...], da qual vós vos tornastes filhas, praticando o bem e não temendo perturbação alguma." Coisas que são impossíveis a nós são possíveis a Deus. Seu ofício é mudar os corações dos homens e transformar vidas — muitas vezes em resposta às orações de uma esposa.

Pode não ser errado para a esposa procurar ajuda humana, talvez em uma "mãe" espiritual, uma mulher que tem andado com Deus por anos a fio e sabe como orar e manter a confiança. Mas, se o aconselhamento profissional é procurado, que seja verdadeiramente cristão, ou seja, centrado em Cristo, centrado na cruz. Esta semana, recebi a carta de uma mulher que tinha um obstáculo aparentemente intransponível em sua relação com o marido. Ela lutou, orou, procurou desesperadamente por respostas e foi com o marido a dois conselheiros cristãos que, no final, ficaram tão perplexos quanto ela. Então, um dia, enquanto trabalhava em casa, ela orou "quase todos os minutos do dia, pedindo a Deus que me alcançasse no que eu precisava fazer". O sermão do dia seguinte foi um encorajamento para dar um passo de fé quando se tem uma palavra do Senhor. Ela escreveu:

> Lembrei-me de você dizer na rádio que, quando as pessoas lhe contam seus problemas, você frequentemente pergunta o que pensam que o Senhor quer que elas façam. Fiquei muito surpresa no momento em que descobri que tinha uma resposta para meu problema! Uma coisa simples, agir contra meus sentimentos. Eu tinha tentado fazer o que pensei que Deus queria que eu fizesse, mas decidi que era muito difícil e, de qualquer maneira, não funcionaria. Decidi tentar de novo. As coisas não mudaram da noite para o dia, mas eu perseverei. As coisas mudaram de forma significativa. Meu marido mal pode acreditar na mudança em sua esposa! Eu também mal posso acreditar!

Em dificuldades de todos os tipos, fui maravilhosamente ajudada ao dedicar um tempo para olhá-las à luz do próprio Cristo. Você conhece o hino "Sob a Cruz de Jesus"? (Se não conhece, seria um grande conforto aprendê-lo de cor.) É ali que devemos tomar nossa posição. Foi na cruz que Jesus lidou com todos os nossos pecados, tristezas e sofrimentos. Ele nos chama a desistir de todo direito em relação a nós mesmas, tomar a Cruz e segui-lo. Esse lugar difícil em que você talvez se encontre, tão doloroso e desconcertante, é o mesmo lugar no qual Deus está lhe dando a oportunidade de olhar apenas para ele, de se esforçar na oração e de aprender longanimidade, ternura, mansidão — em suma, aprender as profundezas do amor que o próprio Cristo derramou sobre todas nós. É o amor *dele* que deve manifestar-se em você quando você se submete silenciosamente ao que dói em você (Jesus também se submeteu); quando trata seu marido como somos ordenadas a tratar os inimigos — com amor (assim como Jesus); quando se abstém de assumir a responsabilidade moral por seu marido (não é tarefa de uma esposa operar reformas!), exceto quando você o entrega diariamente a Deus. Essa forma de sofrimento é sua oportunidade de aprender a *deixar para Deus o que só Deus pode fazer*. É a misericórdia dele que oferece isso a você, e não se esqueça de que "o amor é o significado dele", como Madre Juliana de Norwich escreveu.

Uma das verdades mais transformadoras que conheço é a de sermos chamadas a *compartilhar* os sofrimentos de Cristo. Colossenses 1.24 e 1 Pedro 4.12-19 colocam uma perspectiva totalmente diferente sobre o assunto do que qualquer uma de nós poderia desenvolver. Cabe a Deus mudar os corações. Cabe a nós fazer a coisa simples (nem sempre *fácil*), humilde e sacrificial, deixando, confiantemente, o resto para Deus. "Encomendem a sua alma ao fiel

Criador, na prática do bem" (1Pe 4.19), o que significa apenas *fazer a próxima coisa*, o que quer que seja (consertar essas calças? Alvejar uma camisa branca?).

> O atrito da nossa vida diária,
> O cansaço do coração suportado com paciência amorosa,
> A mansidão da resistência à contenda interior,
> A dolorosa coroa de espinhos,
> Preparar o coração para a morada de Deus,
> Adornar com sagrada beleza seu santuário,
> E iluminar toda graça imperceptível,
> Para que só Deus brilhe.
>
> Mary E. Atkinson

90. Resposta de um seminário

Gostaria de poder agradecer, mas não posso. Oh, céus; obrigada por *isso?* Você falou sobre perdão, e minha mãe, minha irmã, minha vizinha estão sentadas olhando para mim. Durante toda a sua palestra, elas estão olhando para mim. Elas sabiam por que eu precisava daquela conversa! Meu marido é um apostador e eu sou uma pessoa *amargurada*! Amargurada, ressentida, ansiosa; todas as coisas que você falou! Estou dizendo, Deus tinha um funil de sua boca para meu ouvido. Eu mal pude acreditar. Quem lhe contou, estou dizendo a mim mesma, quem lhe contou sobre mim e meu marido? Eu estava tomando notas, e fiz um círculo em torno dessa palavra: perdão. Isso é para minha irmã, eu disse; isso não é para mim. Ela é a única pessoa que precisa disso! Mas, na verdade, é para mim. Deus está me dizendo que é para mim. E pensar que minha vizinha me deu o ingresso para este seminário como um presente de aniversário. Que tipo de amiga é essa? Um presente de *aniversário*! Mas obrigada, Elisabeth.

91. A obediência de uma criança

Perguntas de uma jovem mãe: "Como posso treinar meu filho de vinte meses de idade para vir até mim? Quantas vezes digo 'venha cá' antes de ir buscá-lo?".

Na primeira ocasião em que você diz à criança para fazer ou não fazer alguma coisa (venha cá, não toque, fique quieta), (1) certifique-se de ter a atenção dela; (2) olhe-a diretamente nos olhos (deixe-a saber que ela tem a *sua* atenção), (3) fale em um tom uniforme e normal, chame-a *pelo nome* e dê o comando, (4) conceda-lhe alguns segundos para absorver a mensagem; (5) fale seu nome novamente e pergunte: "O que eu disse?". Como o treinamento deve começar muito antes de a criança falar, ela não será capaz de verbalizar a resposta, mas deve obedecer. As crianças sempre estão muito à frente da ideia de seus pais sobre o que conseguem entender. (6) Diga-lhe mais uma vez: "Mamãe disse *venha*, Andrew". Se ele não obedecer, faça uso da vara. Após uma ou duas vezes de prática, faça uso da vara depois de falar *uma vez*.

Criar o hábito de repetir comandos é treinar a criança a acreditar que você nunca fala sério da primeira vez. Se a primeira lição de obediência for realizada como acima, a criança logo aprende que você quer dizer exatamente o que diz. Eu sei que funciona — meus pais nos ensinaram assim, e eu os vi treinando minha irmã e meus irmãos mais novos. Percebi que funcionou com minha filha Valerie.

Se você correr atrás da criança e fisicamente forçá-la a fazer o que você diz (por exemplo, buscando-a quando ela não vem até você, removendo um objeto quando ela o toca), você a está treinando a não prestar atenção às suas palavras. A criança sabe que pode fazer qualquer coisa até que seja contida à força.

Agora, sobre a correção física. O livro de Provérbios fala da "vara da disciplina" (22.15) e diz: "A vara e a disciplina dão sabedoria, mas a criança entregue a si mesma vem a envergonhar a sua mãe" (29.15). "O que retém a vara aborrece a seu filho, mas o que o ama, cedo, o disciplina" (13.24). Minha mãe usava um galho muito fino de um arbusto no quintal. Sabíamos que havia um em cada quarto, prontamente disponível para deixar algumas marcas em nossas pernas se desobedecêssemos. Valerie mantém um fino agitador de tinta de madeira à mão em casa e também na bolsa. Uma ou duas vezes, o uso da vara firmemente em uma pequena mão estendida é uma linguagem que uma criança com menos de dois anos entende muito claramente.

Não imagine que seguir esse conselho significará que seu filho será punido vinte vezes por dia. A coisa maravilhosa dessas regras simples é que a punição precisa ser usada muito raramente, *se* você começar bem *cedo*. Se, desde o início, você mostrar à criança que leva a sério a obediência, não terá de passar meses ou anos a fio levantando a voz, repetindo comandos ou correndo atrás dela. Você terá o controle da situação. A criança aprenderá a confiar na palavra de autoridade (o que tornará muito mais fácil para ela acreditar que Deus leva sua palavra a sério) e sua vida juntos será muito mais pacífica e feliz.

Suponha que seu filho já tenha vinte meses ou três anos e você não o tenha ensinado a obedecer. Então, ambos devem pagar um preço, mas acredito que isso ainda é possível. Reserve uma manhã inteira para recomeçar. Fale com ele, declare quanto você o ama e diga-lhe: "Esta manhã vamos aprender a lição mais importante que você já teve que aprender". Deixe-o perceber que você está falando sério. Comece a praticar as regras de iniciante.

Uma palavra de cautela: a correção física, na minha opinião, deve ser usada apenas no caso de desobediência deliberada. Quando uma criança derrama seu leite ou enfia amendoins no nariz ou derrama seu talco no carro, ela não está sendo desobediente. Ela está apenas agindo de acordo com sua idade. Você não a proibiu de enfiar amendoins no nariz. Se você proibir, e ela fizer isso assim mesmo, faça uso da correção física. Se, desafiando você, ela jogar o leite no chão, também. Mas erros e desordens infantis devem ser apontados e, por todos os meios, a criança deve ser obrigada a corrigi-los ou limpá-los da melhor maneira possível. Pense em punições adequadas aos "crimes", mas reserve a vara para a hipótese de desobediência deliberada. A criança logo saberá que, quando desafia você, uma correção física é tão certa quanto o amanhecer vem após a noite — mesmo que você esteja na igreja ou no supermercado. Leve-a para o carro e a discipline. Explique todo o sistema à criança novamente (*após* a vara), se necessário for. Então, abrace-a, reafirme seu amor por ela e mude de assunto.

92. Ensinando as crianças

Quantas vezes entre os três e os dez anos as crianças têm de responder às duas únicas perguntas que os adultos pensam em lhes fazer: Quantos anos você tem? O que você quer ser quando crescer?

A segunda pergunta pode parecer inócua, mas será mesmo? Em primeiro lugar, muitas crianças podem sentir-se incomodadas por se sentirem obrigadas a fazer uma escolha que está muito além delas. Em segundo lugar, isso implica que a escolha é delas. Isso pode levar a uma grande confusão mais tarde. A criança crescerá fisicamente, mas, espiritualmente, não terá começado até que aprenda que Jesus morreu não apenas para salvá-la do pecado, mas também para que ela viva não para si mesma, mas para aquele que morreu por ela (veja 2Co 5.15 e 1Jo 3.16). Se um jovem foi ensinado desde a infância que deve "ser alguém" sem, ao mesmo tempo, aprender que nada é melhor do que ser servo de Deus, ele pode estar preocupado com as ambições e os ideais que obteve apenas do mundo. Se sua concepção de "onde deve estar" nada tem a ver com o Reino de Deus, ele se verá em apuros quando chegar a hora de discernir a Vontade de Deus. Ele estabelecerá limites para sua obediência, definindo os termos de seu serviço. "Por minha causa", esse é um conceito que as crianças podem entender muito mais cedo do que costumamos imaginar. Um garotinho me escreveu, dizendo que estava aprendendo a dar a vida pelos outros. Para ele, isso significava que, algumas vezes, quando ele preferia brincar, deitava-se ao lado de sua irmã mais nova para ajudá-la a dormir.

Ore para que Deus lhe mostre como ensinar seus filhos que a vida deve ser vivida para Deus. "Não sabeis que [...] não sois de vós mesmos? Porque fostes comprados por preço. Agora, pois, glorificai a Deus no vosso corpo" (1Co 6.19-20). Ajude seu filho a entender que o Senhor é seu pastor, e que ele é um cordeirinho. O Pastor terá prazer em lhe mostrar o caminho certo se estiver disposto a seguir.

93. Mães que trabalham fora de casa

A diretora de um centro de apoio a mulheres disse: "Os homens sempre foram capazes de se envolver em um trabalho criativo e autorrealizável". Ela gostaria de ver mais mulheres liberadas do trabalho feminino tradicional, "para se envolverem em trabalho criativo". Trabalho criativo, na visão dessa senhora, não parece incluir trabalho doméstico e maternidade. *Por que não?* Eu gostaria de perguntar. E quem, pelo amor de Deus, vai cuidar da casa e da maternidade? A senhora diz que se sentiu confusa e frustrada quando estava fazendo isso, e "encontrava dificuldade para se sentir realizada". Muitas mulheres se sentem como ela. Eu as encontro com frequência. Desejo, porém, ajudar vocês a verem que, se o cuidado de casa e a maternidade são as tarefas que Deus lhes atribuiu neste momento, será na alegre oferta a ele *dessas tarefas* que elas serão verdadeiramente "criativas" e encontrarão realização concreta.

Há um princípio espiritual eterno aqui. Deve ser motivo suficiente para qualquer um. Há alguma outra razão para eu estar sempre dizendo às jovens mães para ficarem em casa? Sim, duas absolutamente indiscutíveis e uma terceira interessante sobre a qual você pode discutir se quiser.

Primeiro, a Bíblia *me* diz claramente (uma mulher mais velha) para ensinar às mulheres mais jovens a "serem boas donas de casa" (Tt 2.5) ou a estarem "ocupadas em casa" (NVI).

Segundo, as crianças precisam de suas mães. Elas precisam de tempo em quantidade. Nada dessa bobagem de "tempo de qualidade". Todo tempo que uma mãe cristã que ama seus filhos lhes dá deve ser de "qualidade".

Terceiro, é bem possível que a renda de uma mãe trabalhadora não seja tão "extra" quanto possa parecer à primeira vista. Dê uma olhada em um estudo feito por Wayne Coleman, de Austin, Texas. Acho que as estimativas dele são bastante modestas. A partir de uma renda semanal de US$ 175, subtraia:

$ 17,50	dízimo
$ 35,00	imposto retido na fonte
$ 11,00	previdência social
$ 20,00	transporte (0,40 por km, 5 km para o trabalho)
$ 7,50	almoços (esses terão de ser especiais, de dieta!)
$ 12,50	roupas, sapatos, lavanderia
$ 35,00	creche para um
$ 5,00	cabelo e cosméticos
$ 1,00	coletas de escritório, presentes, entretenimentos
$ 2,00	*coffee breaks*, diversos
$ 10,00	extra para levar refeições para casa

Lucro líquido semanal: $18,50. Se você subtrair disso as coisas que uma mulher pode comprar que não teria comprado se não tivesse "sua própria renda", ou que pode sentir que merece porque ela está trabalhando, quanto "extra" há para as necessidades que a convenceram de que ela precisava do emprego?

Aqui está o testemunho de uma jovem no Texas que ainda não tem filhos:

A luta que estou tendo é que, embora eu trabalhe apenas meio período, não parece haver tempo para manter a casa, estar com outras mulheres, alcançar os necessitados e perdidos. Eu sei que as pressões do mundo, sempre por "mobilidade ascendente", entram mais no cálculo do que imagino, o que torna minha dificuldade uma luta e tanto. Uma parte de mim quer largar o emprego, outra parte de mim ainda não é tão livre!

Por favor, se você é uma mãe de crianças pequenas que está considerando buscar um trabalho, pense nestas perguntas primeiro:

Sua renda realmente valerá a pena?

Aumentará a carga tributária do seu marido?

Você está dando seu melhor à sua família e/ou ao seu empregador? Golda Meir, ex-primeira-ministra de Israel, disse que uma mãe que trabalha fora de casa é dividida; quando está no escritório, pensa em tudo que não fez em casa; e, quando está em casa, pensa em tudo que não fez no escritório.

Seu marido seria capaz de fazer um trabalho melhor no emprego se você estivesse fazendo um trabalho melhor em casa? Quais são seus verdadeiros motivos para querer trabalhar? Talvez pressão social, tédio, ganância, orgulho ou indisposição para fazer coisas humildes? Você está tentando provar alguma coisa?

Conheço algumas mães de crianças pequenas que, diante da necessidade econômica genuína, pediram a Deus que lhes mostrasse um trabalho que pudessem fazer em casa. Então, elas foram para a biblioteca e leram sobre negócios que podem ser desenvolvidos em casa, ou receberam uma ideia "original". É incrível ouvir as respostas que Deus deu. "Vosso Pai celeste sabe que necessitais de todas elas."

94. Mulheres no mundo do trabalho

Por querer ser fiel ao que as Escrituras *dizem*, muitas vezes refiro-me àquela passagem que me diz, como uma mulher mais velha, o que devo dizer às mulheres mais jovens: Tito 2.3-5. Mas elas querem saber se é errado uma mãe solteira trabalhar. É errado uma mulher que não tem filhos em casa trabalhar? É errado uma mulher trabalhar porque o marido insiste nisso? A última questão não é assim tão difícil, uma vez que uma esposa deve ser submissa e confiar os resultados a Deus. Não posso responder às duas primeiras questões. Então, para vocês que têm considerado necessário trabalhar, desejo oferecer algum encorajamento e conforto.

1. "E o meu Deus, segundo a sua riqueza em glória, há de suprir, em Cristo Jesus, cada uma de vossas necessidades" (Fp 4.19). Apenas lembre-se de que *Deus* deve ser o juiz de suas necessidades. Sendo sábio, poderoso e amoroso, podemos confiar plenamente que ele fará exatamente o que diz.
2. Você só sabe o que tem de fazer *hoje*. Nenhuma de nós conhece o futuro. Seja fiel hoje — faça seu trabalho de forma fiel, plena, honesta e com gratidão. "Tudo quanto fizerdes, fazei-o de todo o coração, como para o Senhor e não para homens, cientes de que recebereis do Senhor a recompensa da herança. A Cristo, o Senhor, é que estais servindo" (Cl 3.23-24).

3. Seja uma dama. Betty Greene, piloto durante a Segunda Guerra Mundial e mais tarde na Mission Aviation Fellowship, me disse: "Tomei a decisão de que, se eu fosse 'dar certo no mundo dos homens', tinha de ser uma dama". Uma verdadeira dama é reconhecida e respeitada pelos homens. Mantenha sua honra, seu distanciamento e seu contato próximo com Deus. Ele a protegerá.
4. Se você está verdadeiramente entregue ao Senhor, ele lhe mostrará se/quando tiver uma tarefa diferente para você. Mantenha-se em contato com ele.

95. Educação domiciliar

Quando minha filha, Valerie Shepard, estava educando em casa três de seus cinco filhos (os outros dois estavam em idade pré-escolar), perguntei a ela o que havia descoberto sobre as vantagens da educação domiciliar. Aqui está sua resposta:

1. As crianças têm *mais tempo*: para ler (em voz alta e silenciosamente); para aprender a responsabilidade fazendo as tarefas em casa; para brincar (sem a direção dos adultos) e usar a imaginação; para ouvir e desfrutar umas das outras; para aprender a obediência.
2. Os pais não precisam desprogramar ou voltar a ensinar valores que a criança ouve sete horas por dia. Eles têm a atenção total da criança em qualquer hora do dia e também podem lhe dar total atenção; ela não está absorvendo, diariamente, dois sistemas de valores distintos.
3. As crianças aprendem a amar mais umas às outras. Elas não desprezam umas às outras em favor de seus pares, ou em uma adulação equivocada às crianças mais velhas. Esta sociedade nos ensina que, entre as crianças, "ser mais velho é melhor". Isso não está certo. Tê-las em casa durante todo o dia permite que elas sejam crianças sem precisarem "crescer" de forma errada.
4. Elas aprendem a servir umas às outras. A família é um microcosmo do Corpo de Cristo.

Depois que pedi a Val para escrever isso, pude me divertir experimentando pessoalmente. Val e Walt foram para a Carolina do Sul (levando consigo o bebê de colo, Colleen) e eu fiquei com os outros quatro por cinco dias (muito intensos!). Havia um cronograma de tarefas afixado na cozinha. Diariamente, eu os lembrava (raramente mais de uma vez). As crianças de nove, sete e cinco anos se revezavam para arrumar e limpar a mesa, esvaziar a máquina de lavar louça, dobrar a roupa e varrer a cozinha. Walter (o mais velho) e Jim (de quase três) tiravam o lixo, as meninas limpavam o banheiro. Todos, menos Jim, arrumavam suas camas.

A escola começava às nove, com leitura bíblica, canto, oração, todos os quatro juntos. Jim sentava-se no chão e brincava, enquanto os outros estudavam. Christiana terminava sua atividade de jardim de infância por volta das dez horas; Walter e Elisabeth trabalhavam até quase a hora do almoço.

Todas as tardes, havia a hora silenciosa. Era um alívio para a vovó. As três crianças mais velhas deveriam ficar em seus quartos por uma hora. Elas não precisavam dormir, mas deveriam ler ou encontrar algo tranquilo para fazer *sozinhas* (nem uma vez tivemos qualquer discussão sobre a hora silenciosa. Sempre fez parte de suas vidas, e elas *gostavam* disso). Jim e eu deitávamos juntos e eu lia uma história de Beatrix Potter, então ele adormecia.

Como não tínhamos carro, quatro de nós caminhávamos até o supermercado todos os dias, enquanto Walter ia de bicicleta. Era um grupo interessante de pessoas, Elisabeth abraçando (por exemplo) cinco quilos de farinha, Christiana batendo coisas com uma caixa de Saran Wrap, Jim carregando um saco de maçãs, vovó com uma bolsa marrom cheia.

Tivemos leituras de poesia (Jim memorizava sem esforço algum) e canto. Todo mundo aprendeu "Chattanooga Choo-Choo", por engano, por assim dizer — eu queria que eles aprendessem "Louvor ao Salvador", mas, de alguma forma, esse não pegou tão fácil, infelizmente! Walter e Elisabeth praticavam piano e tocavam duetos vigorosos para o resto de nós. Fizemos pão e organizamos gavetas e armários; separamos roupas e brinquedos para doação, colhemos violetas e nos divertimos muito.

Devo confessar o seguinte: na noite do primeiro dia, eu não estava certa se sobreviveria à semana. Quando Val ligou, perguntei: "Como você faz isso?". "Mamãe, eu só faço o que você me ensinou: não pense em tudo o que você tem que fazer; apenas faça *a próxima coisa!*". Eu precisava ouvir o que sempre dizia aos outros, e funcionou.

A educação domiciliar é trabalhosa, para dizer o mínimo, mas vale a pena. Se você está considerando tentar, faria bem em adquirir *The Big Book of Home Learning: The Complete Guide to Everything Educational for You and Your Child*[19] [O grande livro de educação domiciliar: o guia completo para tudo em educação, para você e seu filho], de Mary Pride.

---

19 Mary Pride, *The Big Book of Home Learning: The Complete Guide to Everything Educational for You and Your Child* (Wheaton, IL: Crossway, 1990).

96. Filhos demais?

Quando eu soube que minha filha, Valerie, estava esperando o quinto filho, minhas entranhas se embrulharam.

Val e Walt ficaram em completa paz com isso, dispostos a receber essa criança da mesma forma que receberam as outras: como um presente do Senhor, lembrando-se de suas palavras: "Quem receber esta criança em meu nome a mim me recebe" (Lc 9.48). Mas minha imaginação correu para o futuro e para suas aparentes impossibilidades. "Pobre e querida Val. Ela tem as mãos mais do que cheias. O que ela vai fazer com cinco?" Antes de se casar, Valerie me disse que esperava que o Senhor lhe desse seis filhos. Eu sorri para mim mesma, pensando que ela provavelmente revisaria esse número depois dos três ou quatro primeiros. Algumas considerações práticas surgiram como nuvens carregadas em minha mente. Dinheiro. Outro quarto para ser construído na casa. Educação domiciliar (Valerie já estava ensinando dois). Como a nova criança receberia atenção necessária? Etc. etc.

Então, comecei a olhar para as vantagens. Eu também era uma entre seis crianças e adorei crescer em uma família grande. As crianças aprendem cedo o que significa ajudar e compartilhar, assumir responsabilidades e fazer sacrifícios, dar seu lugar aos outros, cooperar e negar a si mesmas. Por que toda essa agitação em minha alma? Bem, porque eu amava minha filha! Ela estava cansada! As mãos dela estavam cheias! Talvez mais tarde, talvez quando os outros tivessem idade suficiente para ajudar mais, talvez... Ó Senhor!

Tentei falar com Deus a esse respeito. Chegou a hora do café da manhã, comemos, lavamos a louça, a escola começou na sala de aula das crianças, e eu fui para meu quarto, com o coração agitado. O que fazer?

Escrevo isso porque jovens preocupadas vieram até mim sem entender as reações de suas mães às notícias de outro bebê. Acaso seria ressentimento? Elas não amavam os netos que tinham? Por que não iriam querer mais? Não seria nada além de um desejo de se intrometer e governar a vida de seus filhos? Ou seria a revelação de uma atitude pior — a indisposição em deixar Deus ser Deus?

Era com essa última pergunta que eu sabia que deveria lutar enquanto me ajoelhava no quarto. A maioria das coisas que nos incomodam profundamente, no fim, se resume a isso. Eu tinha de levar cada uma das minhas respostas erradas definitiva e especificamente a Deus, expô-las de forma honesta diante dele (ele já sabia exatamente o que eu estava pensando), confessar meu orgulho e minha tolice, e então, *aceitar* definitivamente sua vontade soberana e amorosa sobre Valerie, por sua família, e sobre mim como a avó. Só Deus sabia quantos outros, mesmo nas gerações futuras, ele tinha em mente ao trazer essa criança em particular para a família Shepard. Ele estava concedendo a essa família o privilégio de oferecer sacrifícios por ele, participando de seus grandes desígnios. Sim, Senhor. Sua vontade é minha escolha consciente. Nada mais. Nada menos. Nada além.

Mesmo que os sentimentos não evaporem de uma só vez, eles foram entregues, e o Senhor sabe o que fazer com eles. Os meus tiveram de ser entregues repetidas vezes, mas ele os tomou e, ao longo dos dias seguintes, os transformou. E, quando a notícia do sexto filho me foi dada, dois anos depois, eu pude dizer: *Obrigada, Senhor*, e adicionar aquele pequeno desconhecido à minha lista de orações.

Evangeline Mary, nascida em 9 de novembro de 1988, foi carinhosamente acolhida por todos.

97. Uma criança aprende abnegação

Uma das incontáveis bênçãos da minha vida é ter uma filha que realmente pede minhas orações e meus conselhos (e dá atenção a eles). Uma manhã, ela telefonou da Califórnia descrevendo as dificuldades de educar em casa três crianças, de primeira, quarta e sexta séries, quando você também tem um filho de quatro anos que está fazendo creche e uma de dois anos, Colleen, que quer fazer tudo. E, desde que Evangeline Mary nasceu, um bebê em amamentação também reivindica atenção. Como dar à Colleen a devida atenção e ensiná-la a também ocupar-se tranquilamente durante o que para ela parecem períodos muito longos? Valerie estava profundamente preocupada, pensando se estava fazendo tudo o que deveria fazer por aquela pequena.

Eu a lembrei das mulheres dos tempos da Bíblia; embora provavelmente não fizessem ensino domiciliar, uma mulher comum trabalhava muito duro na maior parte do tempo, carregando jarros de água pesados, moendo grãos, varrendo, plantando e cozinhando enquanto cuidava das crianças. Isso também era verdade entre os indígenas com quem Val cresceu. Uma mãe indígena nunca interrompeu seu dia de trabalho para se sentar com uma criança pequena e brincar ou ler uma história, mas as crianças estavam quase sempre com ela, observando seu trabalho, imitando-a, aprendendo informalmente. Elas tinham uma base forte e segura, "e você também", disse eu a ela. "*Não se preocupe!* Você não está sendo injusta com Colleen. Muito pelo contrário. Você está dando a ela coisas maravilhosas: uma casa estável, sua presença naquela casa, uma educação inestimável apenas nas coisas que ela observa."

As exigências sobre Val, como sobre qualquer mãe de crianças pequenas, são implacáveis, é claro. Ela faz todo o trabalho doméstico com a ajuda das crianças (um cronograma de tarefas é afixado na geladeira). As pessoas costumam suspirar quando lhes digo quantos netos tenho. "Uau!", exclamou uma, "só uma mulher especial para ter tantos filhos". Especial? Não exatamente. Milhões de mulheres conseguiram. Mas é preciso reunir graça, força e humildade, e Deus está pronto para dar tudo o que é necessário.

Sugeri a Valerie que talvez ela definisse o espaço no qual Colleen poderia brincar durante o horário escolar e deixasse bem claro para ela que o horário escolar era hora silenciosa para seus irmãos e irmãs. Quando Valerie tinha a idade de Colleen, ela teve de aprender a brincar em silêncio sozinha porque, diariamente, eu estava ocupada durante boa parte do tempo trabalhando com a tradução da Bíblia ou dando aulas de alfabetização ou de Bíblia em nossa casa. Ela sabia que não deveria interromper, exceto por coisas que defini antecipadamente como "importantes". Naquela época, raramente havia crianças de sua idade com quem brincar, e ela não tinha irmãos nem pai, mas ela era feliz e, acho, bem-ajustada. (Por um período de nossas vidas, tivemos a dificuldade adicional de viver com uma família missionária de seis filhos menores de nove anos, cuja mãe se sentia obrigada a estar mais ou menos disponível para seus filhos a cada minuto — eles eram considerados jovens demais para aprender a não interromper. Não era uma casa organizada, e a própria mãe estava exausta durante a maior parte do tempo.)

Esse treinamento parece difícil para a criança e impossível para a mãe? Eu acho que não. Quanto mais cedo os pais começarem a tornar as leis de ordem, beleza e tranquilidade compreensíveis aos seus filhos, mais cedo vão adquirir noções boas e consistentes do que é tão básico na verdadeira piedade: a abnegação. Um lar cristão deve ser um lugar de paz, e não pode haver paz onde não há abnegação.

Os pais cristãos estão sempre procurando preparar seus filhos para sua herança em Cristo. Um senso da presença de Deus no lar é incutido pela maneira simples como se fala dele, pela oração não apenas na hora das refeições, mas também nos momentos de devocional em família e talvez naqueles em que cada criança é colocada na cama. A Bíblia ocupa lugar de destaque, e abençoada é a criança que cresce, como eu, em uma família que canta hinos. Sam e Judy Palpant, de Spokane, têm um lar assim. "Cada um de nossos filhos tem sua própria canção de ninar, que eu canto antes da hora da oração e na hora de deitar na cama", escreveu Judy. "Essa canção de ninar é parte especial do nosso ritual de dormir. Sempre que outras crianças passam a noite conosco, cantamos "Jesus me ama" como sua canção de ninar. Recentemente, houve muita alegria quando as três crianças de Edminster passaram a noite conosco e anunciaram: "Temos *nossas* próprias canções de ninar agora!". Matt, que tem doze anos e que pode ser tão influenciado pelo mundo, disse: "A minha é 'Jesus, mantenha-me perto da Cruz'."

A tarefa dos pais é mostrar, pelo amor e pela maneira como vivem, que eles pertencem a outro Reino e a outro Mestre, e assim voltar os pensamentos de seus filhos para aquele Reino e para aquele Mestre. A "matéria-prima" com a qual eles começam é completamente egoísta. Eles devem, gentilmente, colocar o jugo de respeito e consideração pelos outros sobre essas criancinhas, pois é seu desejo sincero fazer delas servas boas e fiéis e, como Janet Erskine Stuart expressou, "dar santos a Deus".

***

Certamente não foi coincidência que minha amiga Ann Kiemel Anderson tenha ligado no momento em que eu estava terminando o fragmento acima. Ela acabara de receber o pequeno William Brandt, seu quarto filho adotivo. Os demais tinham quatro, três anos e dez meses, respectivamente. Ela estava emocionada, e não tão exausta quanto esperava estar, agradecida pela dádiva da criança e pela dádiva da graça e da força necessárias por um dia (e uma noite) de cada vez.

"Mas Elisabeth!", disse ela, com sua voz rouca e suave. "Quando eu tinha apenas um, pensava que sabia todas as respostas. Não há nada tão humilhante quanto ter dois, três ou quatro filhos."

Eu precisava daquele lembrete. Jim e eu esperávamos ter pelo menos quatro filhos. Deus nos deu uma, e essa uma quase não me deu razão para preocupação séria, muito menos para desespero. Ela era flexível. O que "funcionou" com ela pode não funcionar com outra criança, mas, mesmo assim, ofereço minhas sugestões — obtidas não apenas da experiência como filha de meus pais e mãe de minha filha, mas também da observação de outras pessoas. Meu segundo marido, Add Leitch, cuja primeira esposa havia morrido, tinha três filhas. "Se eu tivesse apenas duas, poderia ter escrito um livro sobre treinamento infantil", disse-me ele uma vez. Mais uma filha, porém, provou a ele que não podia.

98. Brincadeira séria, trabalho displicente

Quando eu era criança, corríamos para casa todas as tardes ao sair da escola, entrávamos para ter a certeza de que a mãe estava lá onde queríamos que ela estivesse (ela estava), e depois juntávamos as crianças no quarteirão para brincar de chutar latinhas ou de construir casinhas de bonecas com caixas de madeira. O equipamento não custava nem um centavo. Os adultos não precisavam nos supervisionar, levar-nos a outros lugares ou nos ensinar. Nós apenas brincávamos. Éramos crianças e sabíamos que o tempo depois da escola era destinado a brincadeiras — até que chegasse a hora de trabalhar (praticar o piano, arrumar a mesa, limpar a mesa, fazer o dever de casa).

Alguma coisa mudou. Os educadores ficaram terrivelmente sérios com as brincadeiras e terrivelmente casuais com o trabalho físico real. Bilhões de dólares são gastos no desenvolvimento de equipamentos que ninguém realmente precisa ter e em formas de recreação que as pessoas precisam aprender a gostar. Temos "brinquedos para crescer", jogos de computador, grupos de brincadeiras, parquinhos. As crianças pequenas, que ficariam felizes com alguns potes de plástico e algumas colheres, hoje recebem brinquedos mecânicos chiques que *fazem* coisas e aprendem que, se fizerem grande bagunça com tintas para os dedos, estão sendo criativas, algo que nem mesmo sabiam que queriam ser.

Já vi crianças indígenas brincando no rio, subindo em árvores, escorregando na lama. Mas, ao mesmo tempo, elas costumavam pegar peixes ou encontrar mel selvagem, frutas ou caracóis comestíveis. Elas não tinham brinquedos para brincar, mas se divertiam muito (com três ou quatro anos de idade) fazendo fogueiras, afiando facas, arrancando as ervas daninhas sempre invasoras. Ninguém dizia a elas o que fazer. A brincadeira de criança se transformava, naturalmente, em um trabalho útil. Minha pequena Valerie, aos três anos, era tão hábil nessas atividades quanto os indígenas — aprendia com eles, observando diariamente homens e mulheres adultos no trabalho, depois imitando-os. Uma menina de dez anos saberia tecer uma rede perfeita; um menino de dez anos saberia usar uma zarabatana e trazer para casa o "bacon", ou seja, um pássaro ou um macaco para o jantar. Boa parte do que eles faziam importava, e eles se divertiam muito mais do que as crianças que passam boa parte da infância fazendo coisas que não importam muito para elas ou para qualquer outra pessoa.

Será que as crianças de hoje não estão recebendo atenção demais do tipo errado e atenção insuficiente do tipo certo? Faz realmente sentido crianças de seis e sete anos levarem tão a sério esportes organizados e serem gênios em jogos de computador, mas não terem ideia de como se divertir sem um treinador, uma equipe, um uniforme, um arsenal de armas ou uma peça cara e complicada de equipamento eletrônico — sem falar do transporte diário para o campo, o parque ou a pista de gelo; qualquer lugar, exceto o quintal? Eles devem ser cercados, pastoreados, instruídos, elogiados, persuadidos e supervisionados por adultos que recebem dinheiro para cuidar dos pobres e pequenos desordeiros, a fim de mantê-los longe das atenções dos adultos durante o "horário de trabalho"?

Alguém está prestando atenção em como uma *criança* funciona? Alguém acha que, se lhe pedirem para varrer um gramado, ela fará isso sem ânimo? Ela varrerá a garagem com uma fúria silenciosa ou se alegrará em fazer um bom trabalho? Ela esfregará uma pia até brilhar, sabendo que é um membro útil da casa? Os professores da escola tentam desesperadamente ensinar as crianças que nunca realmente trabalharam com as mãos a fazer o trabalho escolar; esse não me parece ser um bom lugar para começar. Se uma criança não foi ensinada que tem a responsabilidade de ajudar a fazer as engrenagens da casa funcionarem bem — em outras palavras, se ela não recebe trabalho que importa —, por que imaginaria que, em alguma medida, importaria cooperar com professores e colegas? Seus pais falharam em dar atenção a um assunto vital. Sua atenção tem estado em outros lugares — em seus próprios interesses, no emprego, nas diversões, na condição física, ou apenas na saúde da criança e em uma noção equivocada de felicidade que deixa completamente de fora o trabalho. Se o "tempo de qualidade" que seu pai passa com ela é limitado a diversão, e nunca envolve trabalho, não é de admirar que a criança presuma que ninguém realmente gosta de trabalhar. Suas escolhas em como gastar seu tempo, como suas preferências de comida, são *ensinadas* em casa — pela observação do comportamento dos pais.

As crianças indígenas da selva que conheci aprendiam sem lições formais de qualquer tipo. Elas estavam com seus pais praticamente o tempo todo; todos dormiam ao redor de uma única fogueira à noite, meninos caçando ou pescando com seus pais de dia, meninas plantando e coletando comida com suas mães. Era um trabalho árduo de sobrevivência. Elas assumiam a responsabilidade de recolher lenha e manter o fogo aceso. Muito raramente um pai tinha de dizer a um filho, muito menos insistir, para que fizesse seu trabalho. Era algo esperado — e as crianças atendiam às expectativas. Ninguém acima de dois anos tinha muito lazer, mas eles se divertiam muito. Nunca vi pessoas rirem tanto. Era uma vida pacífica, uma vida sem os graves estresses e conflitos que criamos para nós mesmos. Não seria adorável voltar a tudo isso?

Mas *como vamos fazer isso*? Não vivemos na selva. As crianças têm ginásios em vez de árvores reais para escalar, piscinas de plástico em vez de um rio corrente, escorregadores em vez de bancos de lama. O trabalho necessário para manter todos vivos, alimentados e vestidos é feito longe de suas vistas. Até onde as crianças podem ver, geralmente nada tem a ver com serem alimentadas e vestidas, mas apenas com dinheiro. Seus pais (muitas vezes, infelizmente, ambos) saem para algum lugar pela manhã e voltam para casa exaustos à noite, depois de terem passado o dia fazendo sabe-se lá o quê. O jornal, o jantar e a TV ocupam uma parcela do que resta do dia. O futebol, o filho aprende observando, é muito mais importante do que qualquer outra coisa na vida do pai: tem precedência sobre todo o resto e captura a atenção de seu pai, algo que ele mesmo nunca conseguiu fazer. Então, ele, como seu pai, procura escapar de casa e das responsabilidades domésticas.

A situação é irremediável? Creio que não. Certamente poderíamos eliminar parte da frustração e do descontentamento da vida familiar "civilizada" se nos inspirássemos nas pessoas "incivilizadas" que trabalham quase o tempo todo (e *gostam* disso) e brincam pouco tempo (sem fazer disso uma tarefa complicada). A felicidade, afinal, é uma escolha. Deixe seu filho ver que você dedica coração e alma à obra que Deus lhe deu para fazer. Faça isso para Deus — isso muda todo o clima do lar. Estimule a criança a aceitar as responsabilidades desde muito cedo. Espere o melhor. Se você espera que eles se oponham a você, que sejam displicentes, que sejam terríveis aos dois anos, rudes aos dez e insuportáveis na adolescência, eles não decepcionarão.

Leva mais tempo, claro, para ensinar uma criança a fazer um trabalho do que seria necessário para você mesma executá-lo, especialmente se você não lhe deu a chance de vê-la fazendo aquilo cinquenta vezes. É preciso dispensar atenção constante, o tipo de atenção que uma criança precisa desesperadamente. Isso nunca é demais. Ela precisa estar convencida de que é um membro necessário e muito apreciado da família.

E os sacrifícios? Teremos de fazer alguns se quisermos corrigir nossos erros. Em vez de sacrificar tudo por dinheiro e esportes, o que a maioria das pessoas parece pronta para fazer sem nem mesmo pensar, talvez tenhamos de sacrificar dinheiro e esportes pelas crianças. E certamente teremos de *nos* sacrificar.

Mas, óbvio, é isso que significa ser pai ou mãe.

Se, por temor a Deus, você pudesse decidir, de uma vez por todas, nunca fazer um tipo de trabalho além do que você pode realizar calma e silenciosamente, sem pressa ou fúria; e se, no instante em que você sentir que está ficando nervoso e sem fôlego, parar e respirar, perceberia que essa regra simples de senso comum faz por você o que nenhuma oração ou choro poderia realizar.

Elizabeth Prentiss

99. Quanto uma criança deve trabalhar?

Tenho quatro meninos, de 16 meses a 9 anos. Quando peço para esvaziarem a lava-louças, o mais velho diz que é meu trabalho. Sinto que eles precisam aprender a trabalhar e ajudar em casa, mas por quê? Eu gostaria de uma *razão* específica para ele ter de fazer isso. Não tenho nada contra famílias grandes, mas não é possível que crianças mais velhas tenham de trabalhar muito porque a mãe continua tendo filhos e não dá conta de tudo? Muitas vezes me sinto culpada. As crianças não merecem ter infância?

Boas perguntas. Deixe-me começar pela última. A ideia de que uma criança merece brincar *em vez* de trabalhar é um erro. Brincar é uma *parte* natural da infância, mas o trabalho também! E é melhor que seja. Acho que li que aprendemos metade de tudo o que sabemos nos primeiros dois anos! Observe uma criança que recebe uma tarefa real que é capaz de fazer. Ela fica ainda mais feliz do que quando está brincando. Num sábado, quando liguei para Valerie, ela estava cozinhando quinze refeições para colocar no congelador. Ouvi seu filho de seis anos colocando cenouras no processador de alimentos e ele estava se divertindo.

Agora, a primeira pergunta. *Por que* deveriam ajudar? Tente algo assim: "Porque você é um membro trabalhador desta família, para começar. O único que não trabalha é o bebê. Sou sua mãe, e uma das minhas tarefas mais importantes é ensinar você a trabalhar. Eu sei cozinhar; você, não. Mas você pode guardar as louças da máquina, então esse é seu trabalho. A Bíblia diz que, se uma pessoa não quer trabalhar, não deve comer. Eu cozinho para você; você limpa para mim. Isso não faz sentido?".

Ensine às crianças a *alegria* do trabalho por seu próprio exemplo. Permita que elas vejam que você não odeia isso. Dê a *todas elas* responsabilidades reais, desde cedo. As crianças de dois anos podem esvaziar cestos de lixo, arrumar a mesa, pegar brinquedos e guardá-los, colocar talheres na gaveta (ajude com um banquinho), pendurar suas próprias roupas, ajudar a dobrar lençóis, apontar lápis. O tempo de ensino é muito bem utilizado. Acredito que as palavras de incentivo devem ser as *únicas* recompensas oferecidas para o trabalho rotineiro. Dar dinheiro ou guloseimas especiais transmite a mensagem de que trabalhar está além da dimensão do dever.

100. "... com toda a sua mente"

Como os pais podem encorajar seus filhos em atividades intelectuais?

Uma amiga que tem quatro meninos, o mais velho com oito anos, imprime um hino diferente e vários versículos das Escrituras a cada semana e os pendura em um cartaz grande e rígido no cantinho do café da manhã. Toda a família aprende o hino e os versículos. Ela tem uma tabela apontando as tarefas de cada criança. Isso pode não parecer muito racional, mas a execução ordenada das tarefas domésticas cria hábitos de uma vida ordenada, e vidas ordenadas e mentes ordenadas caminham juntas. Essa mesma mãe comprou um microfone e um pequeno sistema de som. Ela faz com que cada menino se levante em um canto da sala de estar enquanto os outros se sentam em uma fileira como uma plateia e o ouvem recitar um verso, um hino, um poema ou fazer um breve discurso. Isso ensina postura, articulação, a arte de falar em público, de ficar parado, manter as mãos relaxadas etc. A mesma coisa provavelmente poderia ser realizada com um microfone falso — um pegador de sorvete, por exemplo.

Ensine seus filhos a memorizar! Sua capacidade de captar rapidamente qualquer coisa que você repete com bastante frequência é quase milagrosa. Uma semana, quando fiquei com meus netos por quatro dias, as crianças de sete anos e de cinco anos aprenderam, nesse período, a repetir o alfabeto grego quase perfeitamente. Não fiz isso com tanta seriedade, mas apenas o repetia de vez em quando, em momentos diferentes. A menina de cinco anos aprendeu mais rápido, provavelmente porque ela achava que era divertido, enquanto o irmão achava aquilo meio insano.

Faça perguntas à mesa que levarão as crianças a pensarem. Por exemplo, Deus responde à oração; isso significa que Deus sempre nos dá exatamente o que pedimos? Ajude a criança a encontrar as respostas nas histórias bíblicas.

Leia em voz alta para as crianças. Meu pai fez isso por nós enquanto morávamos em casa. Ele trazia um livro para a mesa e lia um parágrafo, ou compartilhava algo à noite enquanto nos sentávamos na sala para ler nossos próprios livros.

Compre um microscópio ou uma lupa. Estude a perna de uma mosca doméstica ou o pó da asa de uma mariposa etc.

Tenha um globo terrestre no qual eles possam encontrar qualquer país citado no noticiário ou em conversas.

Ensine-os a ver ilustrações da verdade abstrata em objetos concretos. Foi assim que Jesus ensinou, pelo uso de parábolas.

James Boswell, biógrafo, conta que, quando Samuel Johnson ainda era uma criança pequena, sua mãe colocou um livro de orações em suas mãos, apontou para a oração do dia e disse: "Sam, você deve decorar isso". Ela subiu as escadas, deixando-o a sós para estudar. Quando ela chegou ao segundo andar, ela o ouviu atrás de si. "Qual é o problema?", perguntou ela. "Eu já sei", respondeu o menino, e repetiu de forma precisa, embora não tivesse lido mais de duas vezes.

Ele era um gênio nessa idade? Talvez. Mas acho que é mais provável que suas habilidades intelectuais se deviam em boa parte às expectativas de seus pais e às suas pacientes instruções. Exija pouco e certamente é o que conseguirá.

101. Ensine seu filho a fazer escolhas

Lars e eu tomávamos café da manhã com nossa amiga Barb Tompkins, em Tucson. Ela trouxera Katy, de dois anos, que se comportou muito bem durante a maior parte da refeição. Mas, a certa altura, ela interrompeu e importunou a mãe, que disse baixinho: "Katy, você não está no comando aqui. Mas você gostaria de comandar a Baby Flo?". Baby Flo era uma bonequinha que ela trazia consigo.

Eu enchi Barb de perguntas sobre como ela cria seus filhos (ela também tem dois meninos mais velhos). Ela disse que foi ajudada pelo livro de Paul Meier, *Happiness is a Choice* [*A felicidade é uma escolha*], e que estava determinada a ensinar seus filhos a fazer boas escolhas.

Quando Katy tinha cerca de dezoito meses de idade, Barb decidiu ensiná-la a ficar dentro dos limites de sua propriedade, embora não houvesse uma cerca. Ela reservou um dia para essa lição e caminhou pelos limites com o bebê, apontando para onde ela poderia ou não ir, explicando que passar do limite significaria uma correção física. Barb, então, sentou-se em uma cadeira no gramado com um livro e disse a Katy que ela podia brincar. Não demorou muito, claro, até Katy testar o limite e depois cruzá-lo. Em um tom normal de voz, Barb chamou: "Katy, você poderia vir aqui, por favor?". Essa lição havia sido aprendida muito antes, então Katy veio. "Katy, querida, vejo que você escolheu uma correção física", disse a mãe, e deu-lhe uma. Então, ela repassou a lição novamente, explicando por que aquilo havia sido necessário. Foi escolha da Katy.

É importante, diz ela, não rotular uma criança como *malcriada* ou *boa*, mas apontar exatamente o que ela fez de malcriação, ou o que ela fez de bom. Quando a correção é necessária, Barbara sempre tenta, de alguma forma, dar um retorno positivo à criança depois: "Gostei da maneira como você guardou seus brinquedos esta manhã".

Barb nem sempre usa a correção física para punição. Às vezes, ela dá à criança um "tempo", o que significa que ela é colocada em um cercadinho por um tempo, a fim de meditar sobre sua desobediência. Se a criança sai, ela "escolhe" pela correção física. Barb acha que é muito importante que o lugar do "tempo" não seja a própria cama ou o quarto da criança. Ela não quer que seus filhos associem esses lugares à aplicação de punição.

Durante nosso café da manhã, Katy murmurou algo, e Barb se virou para ela e disse: "Katy, você precisa pedir". Katy disse: "Posso, por favor...".

Quando Katy tirou uma caneta da bolsa de sua mãe, Barb disse: "Isso não é uma escolha. Mas essas coisas aqui são; com qual delas você gostaria de brincar?".

Lars e eu apreciamos aquele café da manhã tranquilo. Foi tranquilo porque Barb era calma, firme, alegre e direta ao lidar com Katy. E Katy também estava feliz!

102. Matthew Henry
sobre treinamento infantil

Quando eu era uma recém-viúva, mãe de uma filha de catorze meses, minha mãe me enviou esta citação de Matthew Henry, um comentarista do século XVIII que meu pai estava lendo em voz alta para ela naquela manhã de abril de 1956:

> Provérbios 19.18: "Castiga teu filho enquanto há esperança, e não deixe sua alma poupá-lo por seu choro".[20] Aqui, os pais são advertidos contra uma tola indulgência por seus filhos, quando são desagradáveis e viciosamente inclinados, e desenvolvem um temperamento tão ruim que provavelmente não será curado senão pela severidade.
> 1. Não diga que em tudo há tempo para corrigi-los; assim que aparecer uma disposição corrupta neles, confronte-a imediatamente, antes que ela crie raízes e se endureça em um hábito. *Castiga teu filho enquanto há esperança*, pois, se ele for deixado sozinho por um tempo, talvez não haja mais esperança, e uma correção muito maior não surtirá o efeito que uma menor agora teria. É mais fácil arrancar ervas daninhas assim que elas brotam, e o boi que é projetado para o jugo deve ser logo [antes que seja tarde demais] acostumado a isso...

---

20 N. T.: Tradução livre para o português de uma versão inglesa da Bíblia não citada pela autora.

2. Não diga que é uma pena corrigi-los quando eles choram e imploram seu perdão, perdendo a disposição em seu coração para fazê-lo. Se o ponto for ganho sem correção, muito bem; mas muitas vezes prova que, se você os perdoa uma vez, após um arrependimento dissimulado e uma promessa de correção, apenas os encoraja a voltar a ofender, especialmente se for uma coisa em si pecaminosa, como mentira, xingamentos, obscenidade, roubo ou algo parecido. Nesse caso, seja resoluto, e *não deixe sua alma poupá-lo por seu choro*. É melhor que ele chore sob sua vara do que sob a espada do magistrado ou, o que é mais temível, sob a vingança divina.

A linguagem do século XVIII soa um pouco severa. Raramente chamamos nossos filhos de "desagradáveis e viciosamente inclinados", mas vemos os filhos de outras pessoas — no supermercado, na igreja, em nossa própria sala de estar recém-decorada — que se encaixam exatamente nessa descrição. As crianças precisam da vara — e precisam dela cedo. Não algo exagerado. Meus pais descobriram que um galho fino de alguns centímetros resolvia a questão, desde que fosse aplicado em uma idade precoce e imediatamente após a ofensa. É importante notar que Henry está especificando "uma coisa pecaminosa em si mesma". A punição para essas coisas deve ser diferente da correção no caso de erros infantis, como leite derramado (faça com que ela limpe se tiver idade suficiente) ou uma tarefa esquecida (faça com que ela a cumpra, além de outra não habitual).

Recentemente, uma avó contou à minha filha um método de persuadir as crianças a comer o que foi colocado para elas. Quando os outros terminam e uma criança ainda se demora com seu prato, ela ajusta um alarme de cinco minutos. Se o prato não estiver vazio, vai para a geladeira para ser trazido de volta no início da próxima refeição. "Funcionou como mágica", disse ela.

103. Uma nota para os pais

Você está privando seu filho de sua filiação? "Ei! Espere um pouco. O quê?" Hebreus 12.7-8 diz: "Que filho há que o pai não corrige? Mas, se estais sem correção, de que todos se têm tornado participantes, logo sois bastardos, e não filhos". Você ama seu filho ou filha o suficiente para dizer não — e *sustentar isso*? Você, por covardia, temendo criar uma regra (talvez porque "ninguém mais" acredita nela), trataria seu filho como se não se importasse mais com ele do que com um bastardo?

Mas há algumas palavras de cautela. "E vós, pais, não provoqueis vossos filhos à ira, mas criai-os na disciplina e na admoestação do Senhor" (Ef 6.4).

Isso me lembra do modo como o Senhor nos ensina. Ele é tão paciente conosco, que somos tão "tardos de coração" (Lc 24.25). O Pastor não torna difícil para as ovelhas caminharem pelos caminhos certos. Ele está sempre tentando tornar as coisas mais fáceis para elas, mas elas hesitam, se afastam, não ouvem. Crianças e adultos são como ovelhas. Extraviam-se. Os pais devem ser pastores. Não exagere na correção. "Pais, não tratem seus filhos de modo a irritá-los; antes, eduquem-nos com a disciplina e a instrução que vêm do Senhor" (NVT). O equilíbrio é necessário. Corrija-os, ensine-os. Não vá para os extremos. Peça a Deus sabedoria. É um trabalho grande demais para qualquer ser humano comum. Olhe para Deus como um Pai. Como ele lida conosco? Tente seguir seu padrão.

104. A mãe do Senhor

Nós a vemos primeiro, a pequena Maria (posso dizer pequena? Creio que ela era uma adolescente), como uma simples garota da aldeia, em um lar pobre de um lugar distante. Ela está se dedicando ao seu trabalho quando, de repente, a luz muda. Ela levanta os olhos. Um estranho deslumbrante está diante dela com uma saudação intrigante. Ele a chama de "muito favorecida" e diz que o Senhor é com ela. Ela está atordoada. Não acredito que ela pense em si mesma (Quem sou eu? Ou como sou sortuda!). Maria está perturbada. Ela percebe imediatamente que isso tem a ver com coisas infinitamente maiores do que ela mesma, coisas que vão muito além de sua compreensão. O que isso pode significar?

O anjo não começa imediatamente pela mensagem estupenda que ele fora enviado para entregar. Ele primeiro a conforta. "Maria, não temas." *Maria*. Ela não é uma estranha para ele. Ele está assegurando a ela que está falando com a pessoa certa. Ele explica a tarefa para a qual ela foi escolhida: ser a mãe do Filho do Altíssimo, um rei cujo reinado será para sempre. Ela tem uma pergunta agora; não sobre o Altíssimo, não sobre um rei eterno — essas são coisas muito grandiosas para ela —, mas a maternidade é outra questão. Ela entende a maternidade, tem esperado por isso com grande felicidade. Sua pergunta é sobre o seguinte: "Como será isto, pois não tenho relação com homem algum?". Ele não explica realmente; apenas declara um mistério: "o poder do Altíssimo te envolverá com a sua sombra". Ele passa a contar sobre outra gravidez milagrosa, a de sua velha prima Isabel, bem depois da idade fértil. "Para Deus, não haverá impossíveis em todas as suas promessas", diz ele. Elas não serão impossíveis para você, Maria. Fique tranquila.

Como a garota responderá? Ela está totalmente à disposição de seu Senhor (ela vê que o visitante vem da parte dele). Qualquer que seja o mistério, quaisquer que sejam as razões divinas para escolhê-la, quaisquer que sejam os inconvenientes, até mesmo os desastres (noivado rompido? Apedrejamento até a morte, a punição de um fornicador?) que ela talvez seja obrigada a enfrentar, sua resposta é inequívoca e instantânea: "Aqui está a serva do Senhor; que se cumpra em mim conforme a tua palavra". *O que o Senhor quiser.*

Em seguida, nós a vemos com Isabel, que, pela maneira de saudar Maria e pelo movimento repentino de seu próprio bebê no ventre, sabe imediatamente que Deus escolheu Maria para ser a mãe do Senhor. Elas não se sentam para tomar café e conversar sobre ginecologia, logística ou o que as pessoas vão dizer sobre aquilo. Maria entoa seu cântico de alegria, de aceitação profunda da dádiva, de confiança no Todo-Poderoso.

Nós a vemos suando no frio do estábulo, colocando sua própria vida em risco, como toda mãe deve fazer, para dar vida a outra pessoa. Nós a vemos com os pastores rústicos, contando sem fôlego a história da glória do Senhor e do canto do coral de anjos. Todos ficam impressionados, mas Maria não se junta ao murmúrio animado. Ela está quieta, *guardando* todas essas coisas, ponderando-as profundamente em seu coração. Nós a vemos com os misteriosos viajantes do Oriente trazendo seus presentes luxuosos. Ela não diz nada enquanto eles se ajoelham diante do bebê que ela segura nos braços. Nós a vemos no burro novamente, na viagem ao Egito, porque seu marido recebera uma mensagem secreta em um sonho. Ela não hesita, não discute.

Nós a vemos no templo entregando seu bebê ao velho Simeão, a quem o Espírito Santo revelou o destino surpreendente da criança: uma revelação aos gentios, glória para Israel. Mas, a Maria, ele dá a mensagem muito mais profunda do sofrimento, pois não há glória que não seja comprada por sofrimento: seu filho sofrerá — ele será um sinal que os homens rejeitarão; ela, sua mãe, sofrerá, será traspassada no coração. Não há registro de nenhuma pergunta ou resposta dela. Mais uma vez, só conhecemos o silêncio de Maria.

Não vemos sinal dela por doze anos — dias e noites, semanas e meses, anos e anos cuidando do bebê, da criança, do garotinho, do adolescente. Não há menção a nada disso. Maria não tem testemunhas, nem holofotes, nenhum tipo de reconhecimento especial. Ela não é a Mãe do Ano. Sua vida é vivida na necessidade comum de sua pobreza e humanidade; ninguém presta atenção à atenção que ela dispensa à criança. Qualquer que seja o nível de sua compreensão da natureza desse menino, ela sabe que ele lhe foi dado. Ela lembra de que forma isso aconteceu. Ela guarda tudo isso. Ela pondera as coisas no silêncio de seu coração. Ela compartilhou algo com José? Poderia fazê-lo? Ele conseguiria recebê-los? Não sabemos quase nada da dinâmica entre eles. Ela estava contente em ficar em silêncio diante de Deus.

O apóstolo Paulo nos diz que "a vossa vida está oculta juntamente com Cristo, em Deus" (Cl 3.3). Há mistério ali, mas, quando penso na vida de Maria, vejo algumas facetas desse mistério que se perderam quando li o apóstolo. Sua vida era oculta, fiel, santa — no ambiente de uma casa humilde, numa pequena aldeia em que não havia muita diversão. Ela sabia que os deveres ordinários eram ordenados a ela, tanto quanto a maneira extraordinária pela qual se haviam tornado sua atribuição. Ela não fez pose. Ela era a mãe de um bebê, disposta a ser conhecida simplesmente como sua mãe pelo resto da vida. Ele era um bebê extraordinário, a Palavra Eterna, mas suas necessidades eram comuns, cotidianas, para sua mãe. Ela imaginava que merecia ser a mãe escolhida? Ela se via como totalmente qualificada? Certamente não. Certamente não mais do que qualquer outra mulher que se vê agraciada com a incrível dádiva de uma criança. É a experiência mais humilhante da vida de uma mulher, a mais reveladora de seu próprio desamparo. No entanto, conhecemos essa mãe, Maria, a humilde virgem de Nazaré, como "muito favorecida".

Agradeço a Deus porque um menino nos nasceu. Agradeço também a ele por haver uma mulher de coração puro preparada para receber aquele Filho com tudo o que a maternidade significaria de confiança diária, dependência diária, obediência diária. Agradeço a ele pelo silêncio dessa mãe. Esse espírito não está em mim, não naturalmente. Quero aprender o que ela aprendeu tão cedo: guardar profundamente em seu coração cada evento, meditando sobre seu significado da parte de Deus, esperando em silêncio por sua palavra a ela.

Quero aprender também que o que faz com que alguém se recuse a realizar um trabalho comum não é uma espiritualidade extraordinária, mas o desejo de provar não ser alguém comum — o que é uma oferta morta de presunção espiritual. Quero responder em obediência incessante como ela: O que quiser, Senhor!

> Bem-aventurados os limpos de coração,
> porque verão a Deus.

FIEL
MINISTÉRIO

O Ministério Fiel visa apoiar a igreja de Deus de fala portuguesa, fornecendo conteúdo bíblico, como literatura, conferências, cursos teológicos e recursos digitais.

Por meio do Ministério Apoie um Pastor (MAP), a Fiel auxilia na capacitação de pastores e líderes com recursos, treinamento e acompanhamento que possibilitam o aprofundamento teológico e o desenvolvimento ministerial prático.

Acesse e encontre em nosso site nossas ações ministeriais, centenas de recursos gratuitos como vídeos de pregações e conferências, e-books, audiolivros e artigos.

Visite nosso site

www.ministeriofiel.com.br

Esta obra foi composta em AJensonPro Regular 10,8, e impressa
na Promove Artes Gráficas sobre o papel Polen 70g/m²,
para Editora Fiel, em Maio de 2025.